灰尘的旅行

高士其 著

江苏凤凰文艺出版社
JIANGSU PHOENIX LITERATURE AND ART PUBLISHING, LTD

图书在版编目（CIP）数据

灰尘的旅行 / 高士其著 . — 南京 : 江苏凤凰文艺出版社，2020.4（2023.8 重印）
ISBN 978-7-5594-0849-5

Ⅰ. ①灰… Ⅱ. ①高… Ⅲ. ①科学知识 – 青少年读物
Ⅳ. ①Z228.2

中国版本图书馆 CIP 数据核字（2020）第 043752 号

灰尘的旅行

高士其 著

责任编辑	白　涵　刘洲原
选题策划	麦书房文化
装帧设计	小　贾
责任印制	冯宏霞
出版发行	江苏凤凰文艺出版社
	南京市中央路 165 号，邮编：210009
网　址	http://www.jswenyi.com
印　刷	三河市国新印装有限公司
开　本	880 毫米 × 1230 毫米　1/32
印　张	7
字　数	156 千字
版　次	2020 年 4 月第 1 版　2023 年 8 月第 3 次印刷
书　号	ISBN 978-7-5594-0849-5
定　价	26.00 元

目 录

科学趣谈　灰尘的旅行

科学小品　细菌与人

科学童话　菌儿自传

科学趣谈

灰尘的旅行

细胞的不死精神

嘀嗒嘀嗒……嘀嗒又嘀嗒。

壁上挂钟的声音，不停地摇响，在催着我们过年似的。

不会停的啊！若没有环境的阻力，只有地心的吸力，那挂钟的钟摆，将永远在摇摆，永远嘀嗒嘀嗒。

苹果落在地上了，江河的潮水一涨一退，天空星球在转动，也都为着地心的吸力。

这是 18 世纪，英国那位大科学家牛顿先生告诉我们的话。

但，我想，环境虽有阻力，钟的摇摆，虽渐渐不幸而停止了，还可用我的手，再把发条上一上，再把钟摆摆一摆，又嘀嗒嘀嗒地摇响不停了。

再不然，钟的机器坏了，还可以修理的呀。修理不行，还可以拆散改造的呀。

我们这世界，断没有不能改良的坏货。不然，收买旧东西的，便要饿肚皮了。

钟摆到底是钟摆，怕的是被古董家买去收藏起来，不怕环境有多么大的阻力，当有再摇再摆的日子。

地心的吸力，环境的阻力，是抵不住、压不倒的，人类双手和大脑的一齐努力抗战啊。你不看，一架一架、各式各样的飞机，不是都不怕地心的吸力，都能远离地面而高飞吗？

这一来，钟摆仍是可以嘀嗒嘀嗒地不停了。也许因外力的压迫，暂时吞声，然而不断地努力，修理、改造，整个嘀嗒嘀嗒的声音，万不至于绝响的啊！

无生命的钟摆，经人手的一拨再拨，尚且永远不会停止；有生命的东西，为什么就会死亡？究竟有没有永生的可能呢？

死亡与永生，这个切身的问题，大家都还没有得到一个正确的解答。

在这年底难关大战临头的当儿，握着实权的老板掌柜们，奄奄没有一点生气，害得我们没头没脑，看见一群强盗来抢，就东逃西躲，没有一个敢出来抵抗，还有人勾结强盗以图分赃哩。真是 1935 年好容易过去，1936 年又不知怎样。不知怎样做人是好，求生不得，求死不能，生死的问题愈加紧迫了。

然而这问题不是悄悄地绝望了。

我们不是坐着等死，科学已指示我们的归路、前途。

我们要在生之中探死，死里求生。

生何以故会生？

生是因为，在天然的适当环境之中，我们有一颗不能不长、不能不分的细胞。

细胞是生命最小、最简单的代表，是生命的起码货色。不论是穷得如细菌或阿米巴，一条性命，也有一粒寒酸的细胞，或富得像树或人一般，一身也不过多拥几万万细胞罢了。山芋的细胞，红葡萄的细胞，不比老松老柏的细胞小多少。大象、大鲸的细胞，也不比小鼠小蚁的细胞大多少。在这生物的一切不平等声浪中，细胞大小肥瘦的相差，总算差强人意吧。

这细胞，不问它是属于哪一位生物，落到适合于它生活的肉汁、血液，或有机的盐水当中，就像磁石碰见铁粉一般地高兴，尽量去吸收那环境的滋养料。

吸收滋养料，就是吃东西，是细胞的第一个本能。

吃饱了，会胀大，胀得满满大大的，又嫌自己太笨太重了，于是不得不分身，一分而为二。

分身就等于生孩子，是细胞的第二个本能。

分身后，身子轻小了一半，食欲又增进了。于是两个细胞一齐吃，吃了再分，分了又吃。

这一来，细胞是一刻比一刻多了。

生物之所以能生存，生命之所以能延续下去，就靠着这能吃能分的细胞。

然而，若一任细胞不停地分下去，由小孩子变成大人，由小块头变成大块头，再大起来，可不得了，真要变成大人国的巨人，或竟如希腊神话中的擎天大汉，或如佛经中的须弥山王那么大了。

为什么，人一过了青春时期，只见他一天老过一天，不见他一天高大过一天呢?

是不是细胞分得疲乏了，不肯再分哪?有没有哪一天哪一个时辰，细胞突然宣告停业倒闭了呀?

细胞的靠得住与靠不住，正如银行、商店的靠得住与靠不住，不然，人怎么一饿就瘦，再饿就病，久饿就死呢?不是细胞亏本而召盘[1]吗?那么，给它以无穷雄厚的资源，细胞会不会越过死

〔1〕 召盘：旧时工商业主因亏损或其他原因，把自己商店、企业的货物、设备、用具、房屋、地基等全部财产，作价招人承购，盘店出让。

亡的难关，而达于永生之域呢?

这是一个谜。

这个谜，绞尽了几十个科学家的脑汁，费尽了好几位生理学者的心血，终于被打破了。

1913年，有一天，在纽约，在那所石油大王洛氏基金所兴建的研究院里，有一位戴着白金眼镜的生理学者葛礼博士，手里拿着一把消毒过的解剖刀，将活活的一只童鸡的心取出，他用轻快的手术刀割下一小块鲜红的心肌肉，投入丰美的滋养汁中，放在一个明净的玻璃杯里面。立刻下了一道紧急戒严令，长期不许细菌飞进去捣乱，并且从那天起，时时灌入新鲜的滋养汁，不使那块心肌肉的细胞有一刻挨饿。

自那天起，那小小一块肉胚，每过二十四个小时，就长大了一倍，一直活到现在。

前几年，我在纽约城，参观洛氏研究院，也曾亲见过这活宝贝，那时候已经活了十六年，仍在继续增长。

本来，在鸡身内的心肉，只活到一年，就不再长大了。而且鸡蛋一成了鸡形，那心肉细胞的分身率，就开始减退了。而今这个养在鸡身以外的心肉细胞，竟然已超过了死亡的境界，达到永生之域了。至少在人工培养之中，还没有接到它停止分身的消息啊!

葛礼博士这个惊人的实验证实了细胞的伟大。

细胞真可称为仙胞，它有长生不死的精神与力量。只可惜为那死板板的环境所限制。一颗细胞，分身生殖的能力虽无穷，恨没有一个容纳这无穷之生的躯壳，因而细胞受了委屈，生物都有死亡之祸了。

说到这里，我又记起那寒酸不过，一身只有一粒细胞的细菌。它们那些小伙伴当中，有一位爱吃牛奶的兄弟，叫作乳酸杆菌。当它初跳进牛奶瓶里去时，很显出一场威风，几乎把牛奶的精华都吃光了。后来，谁知它吃得过火，起了酸素作用，大煞风景了。因为在酸溜溜的奶汁里，它根本就活不成。

这是怪牛奶瓶太小，酸集中了。设使牛奶瓶无限大，酸也可以散至乌有之乡去。那杆菌也可以生存下去了。

这是细菌的繁殖，也受了环境的限制。

环境限制人身细胞的发展，除了食物和气候而外，要算是形骸。

形骸是人身的架子，架子既经定造好了，就不能再大，也不能再小，因而细胞又受着委屈了。

据说限制人身细胞的发展，还有内分泌咧。

内分泌，这稀奇的东西，太多了也坏事，太少了也坏事，我们现在且不必问它。

有人说中国的民族老了，中国民族的内分泌，一半变成汉奸，一半变成不抵抗的弱者，把中国的细胞都搅得粉粉散散了。

中国民族的生存，也和细胞一样，受着环境的威胁了。内有汉奸的捣乱、不抵抗弱者的牵制，外有强敌的步步压迫，已到了生死存亡的关头。

然而民族有不死的精神和斗生的力量。中华民族固有的不死精神和潜伏的斗生力量消沉到哪里去了？还不跳出来！

我们要打破“由命不由人”这个传统的糊涂意识。科学已指示我们，环境的阻力，可以一一克服。我们民族的命运，还在我们民众自己手里。全体中华民众团结起来、武装起来、奔腾怒吼起来，任何敌人的飞机、大炮都要退避。

就是敌人已经把我们国家拉上断头台去，我们民众还可一声呐喊，大劫法场啦！

用人手一拨，钟摆可以不停。

用人工培养，细胞可以永生。

集合民众力量，一致抗敌，自力更生，自力斗生，中国不亡！

谈眼镜

眼镜是玻璃国的公民。很久以来，它就为人类的视力服务。

一切近视眼和远视眼的人，都离不开它。没有它，他们就要失去工作能力，不能看书和写字了。

在眼镜未发明以前，古代的学者，常常因为年老眼花而诉苦。

世界上第一片眼镜——单眼镜，是用绿宝石造成的。公元1世纪时有一位近视眼的罗马皇帝曾用过它，闭上一只眼睛，来观看剑客们的决斗。

这位皇帝死后一千三百年，才有真正的眼镜出现。

这真正的眼镜，是用玻璃水晶造成的。

玻璃水晶和天然水晶一样，是纯洁而透明的物体。

但它比天然水晶容易熔化，也容易接受各种加工——吹制、琢磨和雕刻。

有了眼镜以后，人们还不知道怎样戴它才好，有的人把它缝在帽子上头，有的人把它装在铁圈里面，有的人把它镶在皮带上面。

又过了两三百年的时光，这个问题总算解决了。

这是16世纪的事。

那时候，人们购买眼镜，都到眼镜铺子里去自由选择，并没有经过眼科大夫的检查。

为什么戴眼镜会帮助视力呢？人们还不明白。

首先揭开这个秘密的人，是德国的天文学家开普勒，他告诉我们，不论是人或是动物，眼睛里面都有一种两面凸起的水晶体。

远视眼的人，这水晶体凸起不够，光线收集不足，因而眼睛看东西都是模糊不清的。所以要给它加上一个两面凸起的玻璃水晶，才能补救这种缺陷。

近视眼的人，恰恰相反，他的水晶体过分凸起，光线过分集中，所以要给它戴上两面凹下去的镜片。

科学的进步日新月异，眼镜的构造也越来越精巧。

今天，已有这样一种眼镜：它没有镜框子，也不用架在鼻梁上，实际上它是镶装在眼皮下面、紧贴着眼球的一种镜片。如果你看戴这种眼镜的人，是不会看得出来的。

眼镜的科学，是真正为人类谋福利的科学。

在眼镜的大家庭里，还有望远镜、显微镜、照相机、电影机等。有的扩大和增强人类的视力；有的把人物、风景、故事情节都反映出来，给人们看。它们对人类都立过功勋，但它们不在本文范围之内，恕我不多谈了。

灰尘的旅行

灰尘是地球上永不疲倦的旅行者，它随着空气的流动而漂流。

我们周围的空气，从室内到室外，从城市到郊野，从平地到高山，从沙漠到海洋，几乎处处都有它的行踪。真正没有灰尘的空间，只有在实验室里才能制造出来。

在晴朗的天空下，灰尘是看不见的，只有在太阳的光线从百叶窗的隙缝里射进黑暗的房间的时候，可以清楚地看到无数的灰尘在空中飘舞。大的灰尘肉眼固然可以看得见，小的灰尘比细菌还小，就是用显微镜也观察不到。

根据科学家测验的结果，在干燥的日子里，城市街道上的空气，每一立方厘米有十万粒以上的灰尘；在海洋上空的空气里，每一立方厘米有一千多粒灰尘；在旷野和高山的空气里，每一立方厘米只有几十粒灰尘；在住宅区的空气里，灰尘要多得多。

这样多的灰尘在空中游荡着，对于气象的变化产生了不小的影响。原来灰尘还是制造云雾和雨点的小工程师，它们会帮助空气中的水分凝结成云雾和雨点。没有它们，就没有白云在天空遨游，也没有大雨和小雨了。没有它们，在夏天，强烈的日光将直接照射在大地上，使气温不能降低。这是灰尘在自然界的功用。

在宁静的空气里，灰尘开始以不同的速度下落，这样，过了许多日子，就在屋顶上、门窗上、书架上、桌面上和地板上，铺上了一层灰尘。这些灰尘，又会因空气的动荡而上升，风把它们吹送到遥远的地方。

1883 年，在印度尼西亚的一个岛上，有一座叫作克拉卡托的火山爆发了。在喷发的时候，岛的大部分被炸掉了，最细的火山灰尘上升到八万米——比珠穆朗玛峰还高八倍的高空，周游了全世界，而且还停留在高空一年多。这是灰尘最高最远的一次旅行了。

如果我们追问一下，灰尘都是从什么地方来的？到底是些什么东西呢？我们可以得到下面一系列的答案：有的是来自山地的岩石的碎屑，有的是来自田野的干燥土末，有的是来自海面的由浪花蒸发后生成的食盐粉末，有的是来自上面所说的火山灰，还有的是来自星际空间的宇宙尘。这些都是天然的灰尘。

还有人工的灰尘，主要是来自烟囱的烟尘，此外还有水泥厂、冶金厂、化工厂、陶瓷厂、锯木厂、纺织工厂、呢绒厂、面粉厂等，这些工厂都是灰尘的制造所。

除了这些无机的灰尘之外，还有有机的灰尘。有机的灰尘来自生物的家乡。有的来自植物之家，如花粉、棉絮、柳絮、种子、孢芽等，还有各种细菌和病毒。有的来自动物之家，如皮屑、毛发、鸟羽、蝉翼、虫卵、蛹壳等，还有人畜的粪便。

有许多种灰尘对于人类的生活是有危害性的。自从有机物参加到灰尘的队伍以来，这种危害性就更加严重了。

灰尘的旅行，对于人类的生活有什么危害性呢？

它们不但把我们的空气弄脏，还会弄脏我们的房屋、墙壁、家具、衣服以及手上和脸上的皮肤。它们落到车床内部，会使机器的光滑部分磨坏；它们停留在汽缸里面，会使内燃机的活塞发生阻碍；它们还会毁坏我们的工业成品，把它们变成废品。这些还是小事。灰尘里面还夹杂着病菌和病毒，它们是我们的健康最危险的敌人。

灰尘是呼吸道的破坏者，它们会使鼻孔不通、气管发炎、肺部受伤，而引起伤风、流行性感冒、肺炎等传染病。如果在灰尘里面混进了结核菌，那就更危险了，所以必须禁止随地吐痰。此外，金属的灰尘特别是铅，会使人中毒；石灰和水泥的灰尘，会损害我们的肺，又会腐蚀我们的皮肤；花粉的灰尘会使人发生哮喘病。在这些情况下，为了抵抗灰尘的进攻，我们必须戴上面具或口罩。最后，灰尘还会引起爆炸，这是严重的事故，必须加以防止。

因此，灰尘必须受人类的监督，不能让它们乱飞乱窜。

我们要把马路铺上柏油，让喷水汽车喷洒街道，把城市和工业区变成花园，让每一个工厂都有通风设备和吸尘设备，让一切生产过程和工人都受到严格的保护。

近年来，科学家已发明了用高压电流来捕捉灰尘的办法。人类正在努力控制灰尘的旅行，使它们不再成为人类的祸害，而为人类的利益服务。

镜子的故事

报载：1956 年 12 月在日本本州中部冈山市的一个古墓里发现十三面中国古代铜镜，估计有一千八百多年的历史。这些古镜呈圆形，有花纹，都是用青铜制成的。

青铜镜是镜子的祖先，它的发现一向为考古学家所珍视。

考古学家在一百多年以前，就在埃及一座坟墓里找到一个有柄的金属圆盘，已经生锈，当时人们不知道这个圆盘做什么用。

有的说，这个圆盘是用来代替扇子的；有的说，它是一种装饰品；又有的说，这是一个烤饼的烤盘。

后来经过试验证实，这是一面青铜镜子。

古时候，除了用青铜制造的镜子以外，还有用银子制造的银镜和用钢制造的钢镜。但是，这些金属镜子一遇到潮湿就会发暗生锈，失去本来面目。为了避免这一点，就不能让它们的表面同空气和水分接触。这就需要用玻璃来制造了。

从金属镜到玻璃镜，镜子走了一段有趣的历史。

在人们还没有学会做玻璃以前，是不懂得制造玻璃镜子的。

威尼斯人是制造玻璃的能手，首先发明制造玻璃镜子的也是他们。他们的制法是把水银和锡的合金跟玻璃粘在一起。他们一直保守着这个秘密。

于是，欧洲的王公贵族、阔佬名人都到威尼斯去订购镜子。

法国有个王后叫作玛丽·德·美第西斯，在她结婚的时候，威尼斯共和国曾献给她一面玻璃镜子作为礼物，这面镜子虽然小得很，据说它的价钱却值十五万法郎哩。王后很爱它。

爱好镜子竟成了一种风气，镜子变成一种显耀的东西。当时的贵族都争先恐后地宁愿什么都不买，却一定要买一面玲珑的镜子。

从此，法国的金钱都流到威尼斯去了。

为了挽回这种损失，法国驻威尼斯大使奉到密令，叫他收买两三名做镜子的技师，把他们偷偷地运到法国去。

不久之后，在法国诺曼底地方也建立了一座制造玻璃镜子的工厂。

法国爱买镜子的人更多起来了。有钱的人都想给自己家里弄到一面镜子。人们开始用镜子装饰床铺、餐桌、椅子和橱柜，甚至于在礼服上也缝上小镜子片，使跳舞的时候在灯光照耀之下闪闪烁烁地发光。这真是美丽呀！

镜子的需求一年比一年增加，但是它的质量还很低劣，玻璃表面不平，照出来的嘴脸歪曲不正，而且镜子都很小，不能照全身。

于是人们渴望着有大玻璃镜的出现。

制造大玻璃镜之功，是属于法国人的。但是，制造大玻璃镜就需要用大玻璃板，而把玻璃板磨平和磨光是一件十分细致和沉重的工作，这种工作既吃力又费时间，结果大玻璃镜的价钱就非常昂贵了。

幸而在今天，人们已经发明一种用机器磨玻璃的方法，而且还能使这种方法自动化。这样就使镜子的价格大跌，一般平民也都买得起。

玻璃镜子的制法越来越完善，它的用途也越来越广。

人们已经不再用水银和锡的合金了，而是在玻璃板上涂了一层薄的银子，在它的上面又涂上一层漆来保护这层银子。这样制成的镜子，照出来的影子非常清楚。

现在人们已经能造出一种新式玻璃，一面看上去是镜子，一面看上去是透明的玻璃。把这种玻璃装在汽车上，就使你能浏览窗外的风光人物，而过路的人却不能望见你，只能看见他自己。

科学技术的进步真令人兴奋。

摩　擦

摩擦是一种自然现象，哪儿有运动，哪儿就会发生摩擦，这是用不着大惊小怪的。

在远古的时候，我们的祖先发明了钻木取火的方法，就是利用摩擦的原理。现在，我们天天都要擦火柴，擦火柴就是一种摩擦的作用呀！

在正常的情况下，摩擦现象对于机器的活动是有帮助的，没有它，马达上的皮带就不会转动，车轮就不会向前滚动，一切装在机器上的零件都会松散，各种东西都会滑来滑去站不住脚。这样看来，摩擦是很需要的了。

然而，我们的机器，往往因为摩擦过多而损坏。在这种情况下，摩擦就变成机器的敌人了。

一般说来，物体的表面越粗糙、越不平，它们之间所发生的摩擦越大；反之，物体的表面越光滑、越平坦，它们之间所发生的摩擦越小，这似乎是没有疑问的了。

但是，在这里不要过分地信赖你的眼睛。你的眼睛看去是十分光滑的东西，如果把它们放在显微镜下仔细观察，仍然会现出许多皱纹，像山地一样高低不平；当它们碰在一起的时候，摩擦的作用仍然在进行。

也有这样的情形：物体的表面很光滑，摩擦的作用反而厉害。这是因为，两个物体之间接触的面很广，距离又极近，物体的分子和分子之间互相吸引，因而产生了阻力，阻碍了物体的运动。

像这样的摩擦，就叫作滑动摩擦。

在滑动摩擦的时候，一开始要费很大的力气才能战胜阻力，后来滑动得越快，就越省力气了。这是因为，上面的物体还没有来得及落下去，就被向前推动了。但是，如果物体的重量增加，摩擦的作用也就会加大。所以沉重的东西，容易磨损。

另外有一种摩擦，叫作滚动摩擦，滚动摩擦比滑动摩擦省力。大家知道，滚一根木头比拖一根木头容易，这是因为，在滑动的时候，物体表面凸凹不平的部分，嵌得很紧，硬要把它平拖过去，当然要花很大力气。在滚动的时候，物体不停地转动，所以比较省力，也不容易磨损。

为了减少磨损，很久以来，人们就和摩擦进行了斗争。人们剥光大树的皮，削平石头的角尖，使它们容易滑动；后来，又利用滚木来搬运东西，这是人类利用滚动摩擦来代替滑动摩擦的开始；接着，就有车轮的产生，为远距离运输创造了有利的条件，人们越来越懂得滚动摩擦的好处；后来又发明了滚珠轴承和滚柱轴承，这样，又大大地减小了摩擦的坏影响。

为了减少磨损，人们又发明了润滑油，润滑油这东西，涂上了机器之后，也可以减轻摩擦的坏影响。

但是，直到现在，工程师们所发明的润滑油，都没有人体内部所分泌的“润滑油”那样好。

人体是一架奇妙的机器，他的骨骼的关节表面，都在经常不断地互相摩擦着，为了预防摩擦的有害后果，人体在每一个关节里都会分泌出一种“润滑油”。所以在人的一生中，他的关节不断地工作、不断地摩擦，也不会出毛病。

什么时候我们的机器也能像人体一样完善，就好了。

土壤世界

土壤——绿色植物的工厂

在一般人的心目中，土壤没有受到应有的重视。有些人认为：土壤就是肮脏的泥土，它是死气沉沉的东西，静伏在我们的脚下不动，并且和一切腐败的物质同流合污。

这种轻视土壤的思想，是和轻视劳动的态度连在一起的。这是对于土壤极大的诬蔑。

在我们劳动人民的眼里，土壤是庄稼最好的朋友。要使庄稼长得好，要多打粮食，就得在土壤身上多下点功夫。

要知道，土壤和阳光、空气、水一样，都是生命的源泉。“万物土中生”，这是我国的一句老话。苏联作家伊林，也曾把土壤叫作“奇异的仓库”。

不错，土壤的确是生产的能手，它对于人类生活的贡献非常大。我们的衣、食、住、行和其他生活资料都靠它供应。它给我们生产粮食、棉花、蔬菜、水果、饲料、木材和工业原料。

老实说，没有土壤我们就不能生存。

因此，我们要很好地去认识土壤，了解它，爱护它。

土壤是制造绿色植物的工厂，它对于植物的生存负有大部分的责任，它是植物水分和养料的供应者。

纯粹的泥土，没有水分和养料的泥土，不能叫作土壤。土壤这个概念，是和它的肥力分不开的。

肥力就是生长植物的能力，就是水分和养料。这些水分和养料，被植物的根系吸取，通过叶绿素的光合作用，在阳光照耀之下，它们会同空气中的二氧化碳，变成植物的有机质。

能生长植物的泥土，就叫作土壤。这是苏联伟大的土壤学家威廉士给土壤所下的科学定义。他说："当我们谈到土壤时，应该把它理解为地球上陆地的松软表面地层，能够生长植物的表层。"

肥沃性是土壤的特点，它随着环境条件的改变经常不断地发生着变化。

有的土壤肥沃，有的土壤贫瘠。

肥沃的土壤是丰收的保证，贫瘠的土壤给我们带来不幸的歉收年。

土壤一旦失去肥力，不能生长植物，就变成毫无价值的泥土而不再是土壤了。

土壤是大实验室、大工厂、大战场。在这儿，经常不断地进行着物理、化学和生物学的变化；在这儿，昼夜不息地进行着破坏和建设两大工程；在这儿，也进行着生和死的搏斗、生物和非生物的大混战，情况非常激烈而紧张。

在参加作战的行列中，有矿物部队，如各种无机盐；有植物部队，如枯草、落叶和各种植物的根；有动物部队，如蚂蚁、蚯蚓和各种昆虫以及腐烂的尸体；有微生物部队，如原虫、藻类、真菌、放线菌和鼎鼎大名的细菌等。此外，还有水的部队和空气部队。有人说："土壤是死自然和活自然的统一体。"这句话真不错。

自从人类进入这个大战场之后，人就变成决定土壤命运的主人。

人类向土壤进行一系列的有计划的战斗，例如耕作、灌溉、施肥和合理轮作等。于是，土壤开始为农业生产服务，不能不听人的指挥、服从人的意志了。这样，土壤就变成了人类劳动的产物，为人类造福。

土壤是怎样形成的?

大约几万万年以前，当地球还非常年轻的时候，地面上尽是高山和岩石，既没有平地，也没有泥土。大地上是一片寂寞荒凉的景象，毫无生命的气息。

白天，烈日当空，石头被晒得又热又烫；晚上，受着寒气的袭击，骤然变冷。夏天和冬天相差得更厉害。几千万年过去了，这一热一冷、一胀一缩，终于使石头产生了裂缝。

有的时候，阴云密布、大雨滂沱，雨水冲进了石头裂缝里面，有一部分石头就被溶解。

到了寒冷的季节，水凝结成冰，冰的体积比水的体积大，更容易把石头胀破。

狂风吹起来了，像疯子一样，吹得飞沙走石，连大石头都摇动了。

还有冰川的作用，也给石头施上很大的压力，使它们破碎。

就是这样，风吹、雨打、太阳晒和冰川的作用，几千万年过去了，石头从山上滚落下来，大石块变成小石块，小石块变成石子，石子变成沙子，沙子变成泥土。

这些沙子和泥土，被大水冲刷下来，慢慢地沉积在山谷里，日子久了，山谷就变成平地。从此，漫山遍野都是泥土。这是风化过程。

但是呀！泥土还不是土壤，泥土只是制作土壤的原料。要泥土变成土壤，还得经过生物界的劳动。

首先，是微生物的劳动。

微生物是第一批土壤的劳动者。在生命开始那一天，它们就参加建设土壤的工作了。微生物是极小极小的生物，它们的代表是原虫、藻类、真菌、放线菌和鼎鼎大名的细菌。

这些微生物繁殖力非常强，只要有一点点水分和养料，就会迅速地繁殖起来。它们对养料的要求并不高，有的时候有点硫黄或铁粉就可以充饥；有的时候能吸取到空气中的氮也可以养活自己，于是泥土里就有了氮的化合物的成分。同时，泥土也变得疏松了些。这是泥土变成土壤的第一步。

但是，微生物的身子很小，它们的能力毕竟有限，不能改变泥土的整个面貌，只能为比它们大一点的生物铺平生活的道路。经过若干年以后，另外一种比较高级的生物——像地衣之类的东西——就在泥土里出现了。它们的生存条件稍微高一点，它们死后，泥土里的有机质和腐殖质的成分又多了一些，泥土也变得更肥沃一些。

随着生物的进化，苔藓类和羊齿类的植物相继出现了。

每一次更高一级生物的出现，都给泥土带来了新的有机质和腐殖质的内容。

这样，慢慢地，一步一步地，泥土就变成了土壤。

如果没有生物界的劳动，泥土变成土壤，是不能想象的。

不过，在不同的地方，不同的泥土、不同的气候、不同的地形和不同的生物，都会影响土壤的性质。

对于植物的生活来说，随着自然的发展，有时候土壤会变得更加肥沃，有时候土壤也会变得贫瘠。

农民带着锄头和犁耙来同土壤打交道，要它们生产什么，就生产什么；要它们生产多少，就生产多少。在人的管理下，土壤不断地向前革命。

在我们社会主义国家里，土壤的情绪是非常饱满而乐观的，它们都以忘我的劳动为农业生产服务。

什么决定土壤的性质?

土壤的种类繁多，名称不一，有什么黑钙土、栗钙土、红壤、黄壤之类奇异的名称。这些不同名称的土壤，各有不同的性质，有的非常肥沃，有的十分贫瘠。

决定土壤性质的有五种因素，这些就是母质、气候、地形、生物和土壤年龄。

先谈谈母质。

母质又叫作生土，它们是土壤的父母，是岩石的儿女。土壤都是由母质变来的，母质又都是从岩石变来的。

地球上岩石的种类也很多：有白色的石英岩，有灰色的石灰岩，有斑斑点点的花岗岩，有一片一片的云母岩，等等。这些不同的岩石，是由不同的矿物组成的。不同的矿物具有不同的性质，有的容易分解和溶解，有的比较难，它们的化学成分也不相同。

母质既然是岩石的儿女，它们的化学成分既受岩石的影响，又转过来影响土壤质量的好坏。例如：母质所含的碳酸盐越多，土壤也就越肥沃；相反，如果碳酸盐缺少，土壤就变得贫瘠。

母质——土壤的父母，它们的密度、多孔性和导热性也影响土壤的性质。如果母质疏松多孔且容易导热，就能使土壤里有充分的空气和水分，那么土壤的肥沃性就有了保证。

其次谈气候。

不同的地区，有不同的气候。风、湿度、蒸发的作用、温度和雨量，都是气候的要素，它们都会影响土壤的性质。其中以温度和雨量的作用更为显著。温度越高，土壤里的物理、化学和生物学的变化就进行得越快；温度越低就进行得越慢。雨量越多，土壤里淋洗的作用就越强，很多无机盐和腐殖质就会被带走；雨量越少，土壤就会变得越干燥，淋洗作用也减弱。

第三谈地形。

地形的不同，对于土壤的性质也有很大影响。这是由于气候和地形的关系很密切，往往由于一山之隔，山前山后，山上山下的气候都不相同。一般说来，地势越高，气候越冷；地势越低，气候越热。背阴的地方冷，向阳的地方热。如果是斜坡，土壤容易滑下来，土层就不厚；如果是洼地，土粒就很容易聚集起来，土层就堆得厚。地势越高，地下水越深；地势越低，地下水离地面越近。

所以，由于地形的不同，影响了土壤的性质，使有些地方植物生长得很好，有些地方植物生长得不好。

第四谈生物。

生物界对于土壤的影响是很大的，它们的行列中有植物、动物和微生物。

植物是土壤养料的蓄积者，它们的遗体留在土中，可以增加土壤有机质和腐殖质的成分，以供微生物活动的需要。植物的根还会分泌带有酸性的化合物，可以使土壤中难于分解的矿物质得到分解。

由于植物的覆盖，可以改变气候，就会使土壤的性质发生变化。例如：森林能缓和风力，积蓄雨水和雪水，润湿空气，减少土壤的蒸发。

动物中如蚯蚓、蚂蚁和各种昆虫的幼虫，也都是土壤的建设者，它们在土壤里窜来窜去，经过它们的活动，土粒就会松软。

微生物对于土壤的性质影响更大。微生物的代表有原虫、藻类、真菌、放线菌和细菌，它们一面破坏复杂的有机物，一面建设简单的无机盐，促进了土壤的变化，使植物能得到更多的养料。它们之中，以细菌最为活跃，细菌不但是空气中氮素的固定者，还经常和豆科植物合作，把更多的氮素固定起来使土壤肥沃，就是它们死后的残体也变成了植物的养料。

最后谈土壤年龄。

土壤的年龄有大有小。土壤从它的发生到现在，一直都在变化和发展。它由一种土壤变成另一种不同的土壤，因而土壤的年龄和它的性质是有关系的。土壤越老，它的内容越复杂。

以上五种因素，对于土壤的性质都有影响。但是，它们都可以由人类来控制。人类向大自然进军的目的，就是要改变土壤的性质，用人的劳动来控制土壤的发展方向，使它能更好地为农业生产服务。

漫游建筑工地

在建筑工地上，我们访问了三个重要“人物”——木材、石头和黏土，为了解它们的工作情况，现在让我做一个简单的介绍。

木材是建筑材料中的基本材料。木材的出身是树木，它们的故乡在森林中，伐木工人把它们采伐下来，辗转到达了工地。

树木在他们身上的时候，向空气要二氧化碳，向土壤要水和矿物质，通过叶绿素的光合作用，在阳光照耀下变成自己的体质。

所有的树木都是由许多细长型的细胞所组成的，这些细胞管理着水分的运输和营养的储藏工作。树木生长发育的过程，都是在这些细胞内部进行，由于它们生长的结果，把树身都硬化了。

作为建筑材料，木材有一个共同的特点，它们满身都是纤维素，能容纳铁钉子和螺丝钉，让它们钻进去不至于脱落，这是由于树木细胞之间有或多或少的空隙。这样只需要有简单的工具，就能把木材建造成各种各样的成品。

在干燥的环境里，木材所含有的水分蒸发了，细胞的空隙就被空气所占领，变成空气的储藏所，不流动的空气是隔音隔热最好的绝缘体。建筑工人充分利用了木材这些高贵的品质。

石头也是建筑材料中的基本材料。石头的出身是岩石，它们的家在矿山。有的来自火成岩，它们的代表是花岗石；有的来自沉积岩，它们的代表是石灰石；有的来自变质岩，它们的代表是大理石。这些大大小小的石头，都是最古老的建筑材料。由于它们坚固耐久的品质，在现代建筑中，也少不了它们。

作为建筑材料，人们对于它们提出下列的要求：一、要便于加工和琢磨；二、要能抵抗由于空气的作用而引起的化学变化；三、要能经受重大压力而不毁损；四、要距离建筑工地不太远，消解运输上的困难和浪费；五、要能满足人们对美观的愿望。

石头的耐久性取决于它的化学成分、物理构造和吸收水分的能力以及所处的环境。因此，为了防止石头的风化和腐蚀，化学家用种种实验来检查它们的身体，又采取各种化学制剂如油漆、煤焦油和石蜡等涂在石头的表面来保护它们。

黏土是建筑材料中的多面手，它们的住宅就在我们的脚下，人们用它们来制造砖、瓦、陶瓷、水泥和混凝土。

从远古以来，人们早就学会用黏土来制造房屋了。他们知道黏土烘干以后就变成坚固而耐用的东西。

黏土的主要成分是钠、钾、镁等各种硅酸盐的混合物。

一般的砖都是用黏土制成的。砖虽然有各种不同的制法，但制造砖的主要程序是一样的：用适当分量的水混合黏土，然后压进模型，经过干燥，再放到窑里去烧。要做成各种不同的砖，再加上石灰和氧化铁。烧的温度和时间很有讲究，一般为 1000 摄氏度到1600 摄氏度。有一种叫作耐火砖，不吸收水分，有耐火能力，也不容易粉碎。

瓦的制法和砖大致一样，也有许多不同的式样，有的是筒状的，有的是平板的，有的是波浪式的。有的瓦如石棉瓦，既能防火又能隔音；有的宛如琉璃瓦，有金属的光泽，和玻璃一样光滑。

陶瓷也是用黏土制成的，它在建筑材料中是一种装饰品，能制成各种不同的式样，并且带有色彩，使房屋美化。

水泥和混凝土都是建筑材料中的生力军。

水泥叫水门汀，它是石灰、石灰石和黏土的混合物。这种混合物加热到很高的温度再磨成粉末，就是水泥。它不论在空气或水的环境里，都会变成硬块，比普通的三合土更为坚硬有力。它为什么见了水或空气以后会变得这样坚硬呢？这个道理到现在我们还不太明白〔1〕，也许是因为硅酸盐见了水或遇到二氧化碳就会起化合作用而变成结晶体的缘故。

混凝土曾被称作人造石，它在建筑世界里的地位已变得越来越重要了。它是水泥、砂砾和碎石的混合物，加水调和成泥浆，过若干时间之后就会结成硬块，比单纯的水泥还要坚硬。如果把这种泥浆倒进模型里，它们就会服从人的意志凝结成任何式样的结构了。它们很耐久，随着时间的演进，变得越来越牢固。

在建筑材料的大军中，还有其他许多出色的成员如三合土、纸筋泥、熟石膏、灰泥以及各种玻璃和来自金属王国的公民——钢铁、铜、铝等，它们都在各自不同的工作岗位上，为建造房屋而出力。

建造房屋，本来是一种复杂的工程，在现代的建筑中，更需要各方面的大协作。

现在这些建筑材料，正在为建设新的住宅和大厦继续战斗，让我们向它们致以敬意！

---

〔1〕 水分子渗入水泥颗粒内部后会发生水化反应，使水泥的体积增大，颗粒间的空隙减小，最后，一个个小颗粒紧密地联结在一起，水泥就变得越来越硬。

地下王国漫游记

地下王国是我们的行星上最古老的国家之一，它的历史非常悠久，利用铀的蜕变做钟表来计算，在二十多亿年以前，当地球有了固体地壳的时候，这个王国就成立了。它的领域非常深广，从地球的表层到地球的核心，就有 6377 公里，相当于地球的半径。它的物产非常丰饶，各种矿藏应有尽有，地球上各种金属和非金属、各种放射性元素和稀有元素、各种岩石和岩浆，还有煤和石油，都归它所保管。

过去，人们对于地下深处这个伟大国家的认识是极其模糊不清的。长期以来，人们的意识被封建迷信观念所封锁，有些糊涂的人以为：地下深处是阴间地狱的所在，是死神和魔鬼所盘踞的地方，这就在人们的脑子里引起无限恐怖，哪里还有胆量去做一次唤醒的旅行呢！

现在，这些迷信观念都已被打破。为了寻找矿石和石油，以适应生产建设的需要，把人们的幻想引导到一个新的方向。这就要开发地下宝藏，于是，人们对于地球深处开始关注。千百架钻探机和一些地震仪开始工作起来，勘探队员一批又一批被送到全世界各个角落去探宝，因此地下王国的真面目，正逐渐为人们所了解。

第一个幻想到地下王国去旅行的人，是俄国“科学之父”罗蒙诺索夫，在他的许多著作中都表达了这个有趣的意愿。后来，抱有这种强烈兴趣的人逐渐多了起来。现在我们不但有了钻探机，并且有了各种各样的物理探矿仪器，如利用磁力、电流、无线电波和地震波等来研究地下王国的情报，对于地下这个概念比先前的幻想要真实得多了。

到地下王国去旅行，都要从地球表层出发，第一站的名称叫作土壤，比起地球的半径来，这仅仅是一层薄膜。植物的根在这儿舒腰伸臂，吸取水分和养料；蚂蚁和蚯蚓在这儿钻洞造窝。这儿是生物的摇篮，也是生命的归宿地；这儿有古人的坟墓，也有地下宫殿，有城市的废墟和从废墟里所发掘出来的文物，如青铜器、陶器和石器等。所以这一站的名称，又叫文化层。我们的钻探机就在这儿开始顽强地工作，穿过黏土和泥沙，一站又一站掘下去，不断地发现许多各种各样生物的残骸和遗迹。有几层地层形成得比较早，其中所含古代生物的残骸和遗迹也特别多，在这里我们仿佛看到，原始人披着兽皮，拿着石头做的武器，生活在苔原上猎取猛犸——这是一种现在已经绝种了的、长着毛的古象。

一站又一站，再往下走，在沙土里我们发现了一副几乎完整无缺的头盖骨。这是一种凶恶野兽的头盖骨，这种野兽叫作剑齿虎，因为它有像利剑似的獠牙而得名。它是冰川时期最可怕的一种凶兽，常常追捕野马——现在家马的祖先。原始的猿猴就只好常年地居住在树上。

这是大约离现在两千万年到两千五百万年的事。我们的旅行只不过走到离地面二十米深。我们越往下走，回到历史上去的时间越古老。大约在一亿五千万年前，那时候连人类的影子也没有，一切哺乳类动物都还没有出现，那时候是恐龙的世纪。这些恐龙都是庞大无比、奇形怪状的爬行动物，其中有一种叫作雷龙。它的身长有二十米，体重有象的八倍，只要把脖子抬起来，就很容易把头伸进现代三层楼房高的窗口里。

我们越往下走，经过的地层越多，这些底层会讲给我们听更多更动人的故事，地层会告诉我们地球上生命的全部历史。

黏土、泥沙和石灰石，一层又一层地交替着，再往下深入，就到了地下王国的煤专区，这是煤的根据地。人们把这个时代叫作石炭纪。

大约在三亿年以前，地球上的气候是那么温暖潮湿，在江河湖沼的沿岸，长满茂密的森林，这些森林都是羊齿类植物，如凤尾草、木贼和石松等，这些巨大的植物死后倒身在沼地里，被沙石所掩盖，越埋越深，由于和空气隔绝，日子久了，就变成了煤。

今天，蕴藏在地下的煤，不是一个时代所形成的，但是以石炭纪所生成的为最丰富。在那个时代的森林前面，我们时常可以发现，一种庞大的两栖类动物，它们住在水里，用鳃呼吸，常常爬到陆地上去观光。

过了煤的专区，再往下走，就到了石灰岩专区。这个石灰岩，有几百米深，它告诉我们：从前这个地方是海，石灰岩就是大海的一种沉积物，它是由无数小贝壳、骨骼和溶解在水里的石灰质所形成的。

在这个厚厚的石灰层里，我们还可以发现三叶虫的遗迹，它们是昆虫的祖先，在全盛时代，曾被称作大海的霸王，它们在海水里游泳，横行无忌，不可一世。

那时候，陆地上还没有生命出现，一片荒凉，而在海里却非常热闹，无数的三叶虫、海百合、海星和贝壳，都生长得极其旺盛。

别了石灰层，我们向一千五百米的深处进军，这儿生命的环境越来越艰苦，生物就变得越简单、越原始了。再往下走，连生命的痕迹都找不到了。我们碰到了极其坚硬的结晶底层。碰到了花岗岩。这是一种结晶的岩层，它是由于一种融化的岩浆逐渐冷却而形成的。

从花岗岩专区再往下去，就是玄武岩专区，这是最重的岩层，它的岩浆曾经多次从地球裂缝和火山口突破花岗岩的外壳，喷射到地球表面上来和人类见面。

在玄武岩专区下面，大约七十公里的深处，有一层中间壳膜，这层壳膜的岩石的出现，曾引起全世界地质学家的极大注意。因为这种岩层，都是金刚石、白金及其他稀有金属的蕴藏地带。这是地下王国最贵重的宝库。

地下王国的旅行，在这里告一段落。因为在这里光靠钻探机是不可能完成勘探任务的，要了解地下更深的情况，还得另想办法。

有一种非常灵敏的仪器，叫作地震仪，这是地下旅行者更锐利的武器。通过它，不但可以察觉短距离的震波，而且也可以察觉环绕全球的震波，察觉从地球核心反射回来的震波。

这种震波，就是地下深处最重要的见证人，它告诉我们：地下旅行深到一千二百公里，情况就急剧改变了，这里已经不是固体的地层，而是融化的岩浆；深到两千九百公里，地层密度的改变就更加急剧。我们已开始进入地球的中心核了，这是由铁和镍组成的核，同时还含有钴、磷、碳、铬、硫等杂质。

地下王国的气候，据地下旅行者看来，是逐渐由冷变热的。我们越往下走，就觉得温度越高，大约每往下一百米，就升高 3 摄氏度；一到了地球中心，温度可达 3000 摄氏度到 5000 摄氏度。同时越往下走，压力也越增大，到了两千九百公里的深处，压力要增加到 1300 个大气压。在这么大的压力下面，什么原子都要缩得紧紧的，所有的电子，也都要靠拢起来了。

我们在黑暗中旅行了许多公里的路程。我们参观了元素的旅馆、金属的集体宿舍、化石的陈列所、矿石的故乡、岩石的老家、煤和石油的根据地。我们走过发烫的、喷着热气的矿井，走过发亮的岩层，这些岩层最初发出的光是很微弱的，越往下走，就越明亮起来，有暗红、猩红、鲜红、橙黄色到耀眼的白光。到了地球的中心，那光亮就更刺眼了。

我们旅行的终点，是地球的中心，这是地下王国的首都，在这里，一切都是高温滚烫、光芒迫人的，这里的压力已经达到 3500 万个大气压。

地下王国，并不是如人们最初所想象的死气沉沉、静止不动的，它的生活是非常复杂而多样化的，这里物质的斗争是非常剧烈的，至少靠近地面一百公里厚的地区是这样。这是化学活动的地带，是大自然进行化学反应的地带，这里有许多猛烈的事件发生：如温度和压力的波动、山脉的升降、冰川的进退、地震、火山的爆发，有的地方受到严重的破坏，有的地方却在欢庆新生。深层的岩浆、滚热的泉水和矿脉都在冷却，许多种放射性元素都在蜕变。这里有生命和死亡的搏斗，有化学分子的悲欢离合，这里永远是新的作用和新的变化的发源地。

这就是地下王国的情景。

血的冷暖

在动物世界里，有冷血和暖血动物之分，这种区别究竟在哪里呢?

为了回答这个问题，得先追查一下，动物身上的热气是从什么地方生发出来的。

有些人认为：热大半都是由摩擦而发生；动物身上的热气，也是血液和血管之间的摩擦而产生的。

这种说法，一直到 18 世纪末叶，还盘踞在人们的脑子里。

直到氧发现后不久，法国化学家拉瓦锡才指出：动物的热气，也是一种燃烧或氧化作用。他以为：生理上氧化作用的地点是在肺部，血液一到了肺部，它所含有的碳水化合物就和吸进去的氧化合，产生了水和二氧化碳，同时放出了大量的热。

后来，根据生理学者的实验又证明了：体热的发生，应当归功于全身的血液，不仅限于肺。

又经过多年的争论，科学界才一致公认：体热也不是单单从血液里产生，而是由全体细胞负责。氧运到了各细胞里，才开始氧化而产生热。血液所担任的只是运输和分配的工作，由于它的循环流动，就能把过剩的热送到过冷的部位去，互相调整。

除了生病发烧以外，动物的身体都能经常保持一定的温度。

这是由于它们的体内有一种管束体温的机能。

以上的结论，是由观察暖血动物而得来的。至于冷血动物，它为什么有这样的称呼呢？是不是因为它的身体都是冷冰冰的，就没有一丝热气呢？

一般说来，动物的血液之所以有冷暖之分，是根据它们的体温和外界空气的比较而定。那么，人和鸟兽之类的动物，号称暖血，是不是它们的血液比空气热呢？爬虫、青蛙和鱼之类的动物，号称冷血，是不是它们的血液比空气冷呢？

事情不是这样简单。

暖血动物的体温，不受环境的影响，不论是在夏天还是在冬天，不论四周空气是比身体热还是冷，它们的体温都不会发生什么变化。所以暖血动物不如叫作有恒体温的动物。

冷血动物的体温就有伸缩性了。在冬天，它们的体温常常是低的，低到和四周的空气或水相近；在夏天，环境的温度加高，它们的体温也随着上升。它们在冷的环境中，才变成冷血了，所以还不如叫作无恒体温的动物。

暖血动物能维持一定的体温，是由于它们氧化的力量很强盛，而且具有管束体温的机能。

冷血动物的氧化力量薄弱，又没有管束体温的机能，即使有，也不十分发达。

还有冬眠动物，它们的体温介于暖血和冷血之间，也具有管束体温的机能，在平常的日子里，都能维持一定的体温，但遇到极冷的时候，它们就不能支持了。所以在冬眠期间，它们的体温几乎和周围的空气一样。

勤劳的蜜蜂过着集体生活，它的蜂群有时候被称作昆虫中的暖血者，这是由于它们的辛勤劳动产生了热气，能调节和维持蜂巢内的温度。

恶毒的蛇，是爬虫类的后代，它们的体温有时比环境只高出2℃~8℃。有的爬虫也略具有管束体温的机能，可以防止体温升得太高。例如它们一到了太热的时候，就不得不喘气，喘气就是把肺里的水分蒸发了，于是热就消失不少。

总的说来，动物所以有暖血和冷血之分，是由于它们对于环境气候的反应存在着生理上的分歧。

星际航行家离开地球以前

两年多以来，人类成功发射了三颗人造地球卫星和三枚宇宙火箭，这些都是星际旅行的开路先锋，它们都带有各种科学测量仪器，通过无线电，把宇宙空间的科学情报传送给地面的接收站。

相信不久之后，人类将要发射带人的火箭，人飞往月球和其他星球去的愿望，就要从幻想变成现实了〔1〕。

发射一枚带有科学仪器的火箭，已经不是一件简单的事，发射一枚带人的火箭，就更加不容易了。

小朋友们都想知道，这带人的火箭船，在起飞以前，还存在着哪些重要问题需要解决呢?

从生理学的眼光看去，星际旅行家首先要遇到的困难就是超重的问题。

一个人从初生到老年，他的体重随时都在变化，不过，这些变化是极其缓慢的，不容易觉察。如果你坐着火箭船上升的时候，情形就不同了，在开头的十几分钟之内，你就会马上觉得自己的

〔1〕 人类在20世纪后半期成功实现了登上月球这一伟大的梦想。1969年7月21日，美国“阿波罗11号”宇宙飞船载着三名宇航员登上月球，宇航员阿姆斯特朗在踏上月球表面这一历史时刻时，道出了一句被后人奉为经典的话:“这只是我个人的一小步，但是整个人类的一大步。”

手和脚都变得非常沉重，你的体重突然增加了十几倍，这就是超重的现象。这是因为，火箭船起飞的速度非常猛烈，地心的引力突然增加了十几倍，如果你原来只有五十公斤重，现在你就要变成七百多公斤重的大胖子了。

这样一来，你的大脑皮层的正常活动，就要受到破坏，陷入昏迷状态；你就会失去知觉，呼吸短促，最后心脏也停止了跳动。

所以星际旅行家们，必须受过严格的、有计划的飞行训练，以提高他们对于超重的适应能力。火箭船上也必须安装专门的防护设备，来抵消地心引力的影响。

火箭船继续上升，地心的引力逐渐缩小，人就觉得体重越来越轻，轻到只剩下几公斤了，如果船舱内没有特别的装置，你的身体只要摇动一下，就会像羽毛球一样蹦跳起来，飘来飘去，这就是失重的现象。这种现象对于人体来说，虽然不产生什么有害的影响，人的动作并不因此而失调，但也给乘客们带来很大的不便，所以在火箭船上要有防御失重的设备。

人生活在地球的表面，这就是大气的底层，周围都充满着空气。由于地心引力的影响，空气是具有重量和压力的。在一般的情况下，气压的变化不大，在 720 毫米到 770 毫米汞柱[1]之间，因此人也就能够经受得起。

随着火箭船的上升，气压就变得越来越低，低到 240 毫米汞柱以下的时候，人就要受不了啦；低到 0 的时候，全身的水分都要蒸发。如果没有防护设备，生命就难保了。

科学家已经发明：利用特种金属材料做成的高度密闭化的船

〔1〕 汞柱：压强，压力值的单位之一，但不是国际单位制单位。

舱，就可以保持正常的气压。

宇宙的空间，是各种辐射线的战场。火箭船越升越高，这些辐射线的作用就越来越强大，它们的穿透力都很厉害，会对人体细胞产生破坏作用，如果不设法避免，生命就危险了。

除了这些外来的因素对于人体发生直接的影响之外，人坐着火箭船上升的时候，还必须解决呼吸和饮食两个问题。

人一刻也不能离开呼吸而生存，所以在火箭船的密闭船舱里，就必须备有供给氧气的装置，利用压缩氧就能保证人体源源不断地得到氧的供应。

人体还不断地排出二氧化碳和水蒸气，如果它们没有适当的出路，就会在密闭的船舱内越聚越多，万一二氧化碳在空气里的含量超过 20%，人就会窒息而死。该怎么办呢？为了防止这个事故，化学家发明了一种石棉的化合物，能够吸收大量的二氧化碳和水蒸气；生物学家正在研究一种更好的办法，这就是利用植物的光合作用，既能吸收二氧化碳又能放出氧气，这种植物就是单细胞藻类。

这种藻类有很高的营养价值，蛋白质和维生素都非常丰富，还可以制成粉末，充当星际旅行家的食粮。真是一举数得。

有了科学家们的不断努力，星际旅行家所遇到的种种困难，都能一一克服，人类飞出地球的日子，不必等待太久了。

庄稼的朋友和敌人

庄稼有许多朋友和敌人。

庄稼的朋友，大多数都是化学王国的公民，有的出身于元素的大家庭，有的来自化合物的队伍，它们都是植物的生命建设者和保卫者。

这些朋友以氮、磷、钾三兄弟最受欢迎。这三兄弟就是肥料中的三宝，庄稼不能离开它们而生存，就和不能离开水和二氧化碳一样。

没有氮，就没有蛋白质；没有蛋白质，就没有生命。如果土壤中的氮素不够，植物的茎秆就会变得矮小软弱，叶子发黄，果实减少。

没有磷，细胞核就停止工作，细胞就不能繁殖。

没有钾，光合作用就不能顺利进行，对于病虫害的抵抗力也会减弱。

所以要提高农作物的产量，这三种元素必须源源不断地加以补充。

除了这三种元素以外，参加植物营养供应的还有钙、硫、镁、铁、硅五位朋友。这五位朋友的需要量对于植物来说虽然不大，在一般土壤里都能找到，但它们的存在也是不可缺少的。

缺少钙，根部和叶子就不能正常发育；

缺少硫，蛋白质的构造就不能完成；

缺少镁和铁，叶绿素就要破产；

缺少硅，庄稼就不能长得壮实。

参加植物生命活动的化学元素，还有硼、铜、锌和锰这几位朋友，因为它们在植物中的含量极其微小，常被认为是杂质而不加重视，现在我们知道，这些元素朋友也是庄稼所需要的。

有了硼，庄稼就能抵抗细菌的侵袭而不会生病。大麻、亚麻、甜菜、棉花等作物尤其需要它。

有了铜，也可以使植物不会生病；铜元素又是细胞内氧化过程的催化剂。有了它，大麦、小麦、燕麦、甜菜和大麻的产量就会提高。

有了锌，植物的叶子就不会发生大理石状斑纹的毛病。

有了锰，就会使土壤更加肥沃。有很多农作物如小麦、稻子、燕麦、大麦、豌豆和苜蓿草等都需要它。

庄稼的敌人，给植物的生命以严重的威胁，给农业生产带来了莫大的灾害和损失。

第一批敌人，是杂草。杂草是植物界的殖民主义者，它侵占庄稼的土地，掠夺走养料和水分，并且给农作物的收割造成巨大的困难。

庄稼在它的生命旅途中，要和六十种以上的杂草进行斗争。这时候从化合物的队伍里来了一位庄稼的朋友，叫作生长刺激剂，是一种化学药剂，能抑制各种阔叶杂草的生长，每十五亩土地只需要二三斤，就能把杂草的地上部分以及深达地下三分之一米的根部都毒死了，而对于农作物却毫无害处。这种化学药剂，又叫作植物生长调节剂，由于它是一种复杂的有机酸，用它可以防止苹果树的苹果早期脱落，又可以使番茄、茄子、黄瓜、梨和西瓜之类的植物结出无籽的果实。

第二批敌人，是啮齿类动物，包括黄鼠、田鼠和家鼠，它们都是谷物的侵略者。估计一头家鼠和它所繁殖的后代，一年内能够吃掉一百公斤以上的粮食。在这里，从化合物队伍里又来了一位朋友，叫作磷化锌，是一种有毒的化学药剂，把它和点心混合在一起，老鼠吃了就会毙命。

第三批敌人，就是害虫和病菌，也包括病毒在内。对于农业危害极大的亚洲蝗虫、甜菜的象鼻虫、黑穗病的病菌以及烟草花叶病的病毒等，都是著名的例子。

农业害虫估计共有六千种以上，每年都给粮食作物和经济作物的收成以极大的打击，亏得从化学阵营里又赶来一大批支援农业的队伍，帮助农作物战胜病虫害。例如有一种含砷的化学药剂，叫作亚砷酸钙，它不但可以防治农作物的害虫，也可以用来防治果树的害虫。

还有许多种含铜、含硫和含汞等类的化学药剂，都有杀虫灭菌之功。

此外，以虫治虫、以菌治虫的办法普及以来，庄稼丰收更有了保证。

庄稼有了化学和生物的朋友，就不怕生物界敌人的进攻了。

人们认清了庄稼的朋友和敌人，掌握了它们变化、发展的规律，就能发挥更大的作用，为农业生产服务。

大海的宝藏

滨海的居民，对于海是熟悉的，人们一见大海，就会觉得海阔天空，一望无际，为之心旷神怡。大海有许多显著的特点，蕴藏着无限的资源，对于大陆上的自然条件，人类生活和工农业生产，都具有密切的关系和深远的影响。我国东南两面临海，连海岛在内，全部海岸线长达23 365公里〔1〕！大海的宝藏是亟须引起我们注意和研究的课题。

风云的诞生地

大海是风和云的诞生地。北方的寒流和南方的热浪，经常在它的上空进行搏斗，这就是风的成因；白天它受到阳光的亲吻，把水分蒸发到空中，遇冷而凝结，这就是云的来历。这样一年四季大海担负着调节气候的工作：它缓和了大陆气候的急剧变化，它调整了地球大气的温度，使人类和动植物得到有利于他们生活的自然条件。

---

〔1〕 现我国海岸线总长度超过 3.2 万千米，其中，大陆海岸线长 1.8 万多千米，岛屿岸线长 1.4 万多千米。

元素的归宿处

大海是地球上各种元素的归宿处。科学家分析海水的结果告诉我们：海水里至少含有 58 种元素，约占地球所有元素的一半。这些元素有一部分是随着河流不远千里万里而来的。它们有的以无机盐的身份散居在水里；有的逐渐下降成为海底沉积物，如石灰质和硅酸盐类。在沉积物的下面，海底还蕴藏着多种多样的矿产资源，如石油和天然气等。有人估计，世界上的石油，约有一半埋藏在海底，这是一种极其丰富的自然宝藏，它的开发将给人类生活和生产带来巨大的福利和好处。

大家知道，人们可以从海水里取得日常生活所需的食盐。除了食盐之外，还可以取得各种各样的化工原料、农业肥料、建筑材料和冶金工业用的耐火材料以及锰、镁、钠、钾、钙等各种金属和尖端技术所需要的各种稀有的贵重物质，如铀、钍、锂、锶、重水、重氢等。

生命的摇篮

大海是生命的摇篮。它包含着生命所需要的各种营养物质，又有着为生命所必需的生活条件，因此，几乎从每一滴海水里都能找到生物。这些生物，有的漂浮在水面，有的栖息在海底，有的游泳在水中。和陆地比较，海洋中植物种类较少，而动物种类较多。以鱼类为首的脊椎动物和其他动物界代表，如虾、蟹、贝、墨鱼、海星、海蜇、海绵等以及著名的藻类植物海带等，都是以海为家，在海里生息不已。这些形形色色的生物，除了供应人类的食品以外，还可以制造各种药品、工艺品、装饰品、香料、饲料和肥料。

动力的故乡

大海是动力的故乡。海洋的水是在永恒的运动中，海浪的冲击，潮汐的涨落，强大的风力，海面和海底间的温差，都可以转变成为电能；海水里的重氢和钍、铀等物质，海底的石油和天然气，也都是非常重要的动力资源。

此外，人们还利用海水的浮力和海水变为淡水的新技术，来解决航运问题和用水问题，使海洋更好地为人类服务。

陆地的开发，虽久已领先，海洋的开发不免有落后之感，未来可做的事情还多着呢！

笑

随着现代医学的发展，我们对于笑的认识，更加深刻了。

笑，是心情愉快的表现，对于健康是有益的。笑，是一种复杂的神经反射作用，当外界的一种笑料变成信号，通过感官传入大脑皮层，大脑皮层接到信号，就会立刻指挥肌肉或一部分肌肉动作起来。

小则嫣然一笑，笑容可掬，这不过是一种轻微的肌肉动作。一般的微笑，就是这样。

大则是爽朗的笑、放声的笑，不仅脸部肌肉动作，就是发声器官也动作起来。捧腹大笑，手舞足蹈，甚至全身肌肉、骨骼都动员起来了。

笑在胸腔，能扩张胸肌，肺部加强了运动，使人呼吸正常。

笑在肚子里，腹肌收缩了而又张开，及时产生胃液，帮助消化，增进食欲，促进人体的新陈代谢。

笑在心脏，血管的肌肉加强了运动，使血液循环加强，淋巴循环加快，使人面色红润，神采奕奕。

笑在全身，全身肌肉都动作起来。兴奋之余，使人睡眠充足，精神饱满。

笑，也是一种运动，不断地变化发展。笑的声音有大有小；

有远有近；有高有低；有粗有细；有速有慢；有真有假；有聪明的，有笨拙的；有柔和的，有粗暴的；有爽朗的，有娇嫩的；有现实的，有浪漫的；有冷笑，有热情的笑，如此等等，不一而足，这是笑的辩证法。

笑有笑的哲学。

笑的本质，是精神愉快。

笑的现象，是让笑容、笑声伴随着你的生活。

笑的形式，多种多样，千姿百态，无时不有，无处不有。

笑的内容，丰富多彩，包括人的一生。

笑话、笑料的题材，比比皆是，可以汇编成专集。

笑有笑的医学。笑能治病。神经衰弱的人，要多笑。

笑可以消除肌肉过分紧张的状况，防止疼痛。

笑也有一个限度，适可而止，有高血压和患有心肌梗死毛病的病人，不宜大笑。

笑有笑的心理学。各行各业的人，对于笑都有他们自己的看法，都有他们的心理特点。售货员对顾客一笑，这笑是有礼貌的笑，使顾客感到温暖。

笑有笑的政治学。做政治思想工作的人，非有笑容不可，不能板着面孔。

笑有笑的教育学。孔子说："学而时习之，不亦说乎！"这是孔子勉励他的门生们要勤奋学习。读书是一件快乐的事。我们在学校里，常常听到读书声，夹着笑声。

笑有笑的艺术。演员的笑，笑得那样惬意、那样开心，所以，人们在看喜剧、滑稽戏和马戏等表演时，剧场里总是笑声不断。笑有笑的文学，相声就是笑的文学。

笑有笑的诗歌。在春节期间，《人民日报》发表了有笑的诗。其内容是：“当你撕下 1981 年的第一张日历，你笑了，笑了，笑得这样甜蜜，是坚信：青春的树越长越葱茏？是祝愿：生命的花愈开愈艳丽？啊！在祖国新年建设的宏图中，你的笑一定是浓浓的春色一笔……”

笑，你是嘴边一朵花，在颈上花苑里开放。

你是脸上一朵云，在眉宇双目间飞翔。

你是美的姐妹、艺术家的娇儿。

你是爱的伴侣，生活有了爱情，你笑得更甜。笑，你是治病的良方、健康的朋友。

你是一种动力，推动工作与生产前进。

笑是一种个人的创造，也是一种集体生活感情融洽的表现。

笑是一件大好事，笑是建设社会主义精神文明的一个方面。

让全人类都有笑意、笑容和笑声，把悲惨的世界变成欢乐的海洋。

梦幻小说

梦是生活中的一部分，人人都有梦，人人都在做梦，梦的资料浩瀚如烟海。想想看，全世界有多少人？大约有四十亿人吧。这么多的人，每天夜里都做梦，该有多少梦的故事呀！全部世界史，有多少人？大约总有几万兆[1]人吧。这真像头发丝一样，像夜空的繁星一样，数也数不清。这么多的人，他们的一生几乎每夜都有梦，该有多少梦的史诗呀！这样多的梦，简直要用电子计算机来计算。

梦和幻想是一家，它们的祖宅在大脑皮层。

在大脑皮层，那儿有数不清的神经细胞，都是梦的住所，传达梦的信息，演出梦的传奇。在梦的大家庭里，有记忆、回忆、思想、想象、幻想和虚构。梦首先是记忆的宠儿，没有记忆，就没有梦的存在，即使虚构的梦，也有记忆的基础。

人体器官是梦的办公室，视觉、听觉、嗅觉、触觉和味觉等感官，都是梦的会客室。

梦能看见东西，梦能辨别各种颜色，梦能听见声音，梦能嗅

---

〔1〕 兆：数量单位。一百万，古代指一万亿。

到花香，梦能辨别各种香味。

梦能辨别味道（皮肤也是很敏感的，尤其是手上的皮肤，粗或细、厚或薄、大或小、高或矮，都能摸得出来）。有时睡眠中，闻到食物的香味，便会做起赴宴的美梦。

五脏知梦。肺是梦的窗户，煤气中毒，梦也有预感。胃肠是梦的灶披间〔1〕，胃肠出了乱子，细菌盗匪窜进灶披间，肚子泻的事就发生了。梦有先兆。心脏像大海，血液如流水，高血压、冠心病，梦都能探听出来。

最近，我看了《参考消息》上一篇关于苏联的报道。苏联医学博士卡萨特金，积累了23 700个梦的资料，经过分析得出结论：睡眠中的人的大脑，能够预知正在酝酿的某种病变，而那种疾病往往在几天、几个星期、几个月，甚至几年以后显示其外部症候。做梦能在某种疾病的外部症候尚不明显的时候，就预先告诉人们这种正在酝酿着的病变，而及早发现疾病，防患于未然。

视觉神经，对于来自人体内部的微弱刺激，也很灵敏。任何一个器官或组织的功能失调，它就发出信号，传达到睡眠中的大脑皮层，视觉神经中枢就把这种信息变成形象，引起梦幻。一般地说，这种刺激往往会幻化成某种我们平时非常熟悉的事物。

卡萨特金的理论，应用范围很广，它不仅可以用作门诊大夫的一个重要参考，而且在刑事案件的审理方面，也得到了应用，取得了良好的结果。

梦有时是短暂的，有时是连续的，有时一瞬即逝，有时是长期的。短暂的梦，只梦一人一事一物，如梦见你的爱人、你的朋

〔1〕灶披间，方言，即厨房。——作者注

友、你的长辈；如梦读书、梦写作、梦结婚；如梦你的玩具、你的红领巾、你的珍贵的礼品。

连续的梦，今天做了这个梦，明天又重演一番；今天做这个梦，隔了几年又接着做；今天梦见这个人，明天又梦见到他。有的梦是长期的、漫长的，有故事情节。这种梦就是我拟议中的梦幻小说。

在梦中，我能和已去世的人在一起；在梦中，我能和死者、幸存者在一起；在梦中，我能和久别的亲友在一起；在梦中，我能和遥远的朋友在一起；在梦中，我曾和毛主席、周总理、朱德总司令握手；在梦中，我愉快地和祖父母、父母、姊妹、弟弟团聚。这是梦不可多得的收获。梦是永恒的。

梦中有回忆，回忆中有梦，梦是有深刻的思想和浓厚的感情的，梦是有丰富的想象力的，梦是有无限的幻想能力的。

梦追忆过去，梦着眼现在，梦憧憬未来。

梦把我带到全世界各个角落去，从白人的国家到黑人的国家，从黄人的国家到红人的国家，环绕地球一周。梦使我飞上太空、深入地底、遨游海洋，多少街道、多少房屋、多少商店、多少城市和乡村，都曾在我梦中出现，我留恋它们，我怀念它们。我现在每天都在记日记，我的日记里，都记载着我每夜所做的梦。我的日记里有梦，梦里也有日记。有的梦记不清了，有的梦忘记了，忘个精光；睡时做梦，醒时忘。日记就是梦的备忘录。

婴儿第一次做梦，就是梦要小便，结果尿炕了；幼儿的梦，梦玩具游戏；儿童的梦，梦临红画画；青春的梦，梦结婚；少女的梦，梦爱情；战士的梦，梦冲锋陷阵；工人的梦，梦机器；农民的梦，梦丰收的喜悦；科学家的梦，梦创造发明；文学家的梦，梦写作成功；诗人的梦，梦写了一首得意的诗作；音乐家的梦，梦知音；美术家的梦，梦作品展出。

在舞台上，在银幕上，在电视里，都有梦的插曲。

梦有政治的梦，如梦见国家领导人；梦有教育的梦，如梦见学校生活；梦有军事的梦，如梦见战争的情景；梦有经济的梦，如梦见商品交易所；梦有国际的梦，如梦见出国考察。

短的梦，像短篇科幻小说；长的梦，像长篇科幻小说。梦的结果，有时是正面的，醒时精神抖擞；有时是反面的，丧事变成了喜事，凶就是吉。

梦啊！你属于我，我也属于你；我不能离开你。人不能一日无梦，建设精神文明需要你。你是我们的理想与希望的源泉。

不是吗？人类曾做过多少希望的梦，梦“上九天揽月”；梦“下五洋捉鳖”。而今的运载火箭、登月飞船所行历程，人类所开发的水底资源，不都是科幻小说的题材吗？

人类幻想去外星旅行。目前，各国正开创UFO的探索；还记载过有“外星密码”的来电，等等，诸如此类。这不再是什么梦幻，而是不太遥远的明天了！

日有所思，夜有所梦。梦是第二精神，梦是社会科学中的一门学科，叫作梦学。梦是一种精神运动，不能离开物质、时间和空间。

人类历史上有许多可歌可泣的梦。例如莎士比亚的喜剧《仲夏夜之梦》；例如《左传》里，梦二竖（两个童子）而病入膏肓；例如《三国志》中，诸葛亮的一首诗“大梦谁先觉，平生我自知”；例如《西游记》中，孙悟空大闹天宫，就是一场梦境；例如《水浒传》中，石碑上一百零八条好汉，也是从梦中得来的；例如

《红楼梦》中贾宝玉梦游太虚幻境。此外，还有榴花梦、桃花梦等，诸如此类，不胜枚举，恕我不多唠叨了。

科学小品

细菌与人

人身三流

中国的民众不知流了多少泪。

我由泪想起汗，由汗想起尿。

这是贫民窟里的三宝，却不为一般人所重视，因此我愿意替它们宣传宣传。

泪在灾民、难民眼眶里狂涌，汗在车夫、工人的额角背上怒奔，尿在黑暗的角落打滚。

这是三种有生命的水啊，被压迫而向体外逃亡，所以我称它们为“人身三流”。

人身所流出的水，固不止这三种，而这三种却是最肯抛头露面，而且爽直，不稍存退缩之心的。

中国人的传统观念，总以为地位尊崇者，他的一切就高人一等。因此，在这人身的三流里面，泪的位置最高，也可以自称为上流了。汗的位置，上上下下，几遍于全身，只可称为中流。尿呢，那就是被人所贱视的下流了。

尿之不如汗，汗之不如泪，似乎是当然的道理。

所以古今诗人雅士，吟诗作赋，免不了说一两句伤心话，不是断肠，就是落泪，几乎非泪不足以表其多情。泪总是多情的产物吧。于是泪就可比茶一般的清高了。

一到了汗，他们就有些讨厌这个了。然而诗人到了夏天就有苦热诗了，在苦热诗里，又似乎非汗不足以写其苦。

至于尿，这卑鄙下贱的东西，用它骂人出气还可以，绝不可以入诗文，就是俗人的谈话，也都极力避免用尿字。

其实，这是不公平、不正确的。

我们都被传统的观念所束缚、所蒙蔽了。

尿、汗、泪三者都是人身的外分泌，干净时，一样干净；龌龊时，一样龌龊。

查其来源，它们都是从血液里面逃出来的流民。

观其内容，尿最丰富，汗次之，泪最淡泊。然而都是一样地带点酸性的盐水，都含有一些尿素之类的有机化合物，还有别的，这里暂不提。

论其功用，尿最伟大，汗副之，泪就在可有可无之间了。

泪的故乡是在眼角和鼻骨之间的泪器。泪时时都伏于那泪器的门口观望，有时出来巡逻，洗洗眼珠，清清眼皮，偶尔堕入鼻子的深渊，无底洞，就成为一种鼻涕了。

泪在心理上颇占地位，人都认为它和悲哀的情感有关系，这是因为泪器的细胞，和大脑派出的神经有直接联络吧。然而有时笑也会出眼泪；眼睛受了辣椒、烟雾的刺激，也会出泪；又有所谓流泪弹（催泪弹）之类的毒品，专使我们流出大量的泪。这可见泪实是眼睛的警备队、保护者了。

人本是流泪的生物。自初生到老死这一个过程中，流泪的机会正多着哩。但，中国人的眼泪是用得太滥了，各自为一身一家的疾痛，而流出一点一滴的泪，那泪是弱小而无聊的。

现在我们东方第一古国的悲剧，已一幕一幕地揭开了。我们要学春秋战国时代，荆轲和高渐离二侠士在燕市酒店里，那样慷慨悲壮地流泪。我们希望拿四万万大众的热泪，来掀波翻浪洗净国耻。

然而泪终于是弱者的武器，单靠它来救亡图存，那力量是太薄弱了。

泪之后，还须继之以汗。

汗的原籍是皮肤里面的汗腺。全身的皮肤，除了外耳道、包皮、龟头之外，都有汗腺，而以手掌、足底的汗腺为最多。人身皮肤汗腺的总计，在二百万以上吧。

汗腺出汗的多少是没有一定的。这要看四周空气的情形，寒暖如何，干湿如何。多跑多动，也会出汗。有时人们受了突然的惊吓，也会吓出一身冷汗来，汗也被情感所支配了。据说，在平时，就是穿长衫的人们，平均每二十四小时，也要出汗两升到三升。这是皮肤受了衣服的包围，那里面的热气，常在 32℃左右，所以无形之中，时时都在出汗了。

不过，这汗不是水而是汽。大约要过了 33℃的界点，汗汽才一变而为汗水。

汗水和汗汽的分界，也可以说就是劳力和劳心的分界吧。

汗水里面的宝贝，除了盐和水之外，还有尿素、尿酸、肌酸、石炭酸、蛋白素之类的杂烩。而以尿素的成分为最主要。

刚洗完蒸汽浴，或经过一番强烈的运动之后，满头满身，淋淋漓漓，都是热汗，而那些汗珠里面，尿素的成分，就顿时加了许多。

有的人听了这话，就有些不愿意，而且不大相信，以为尿素这下流东西，也配在我头上身上作威作福哇。

然而这是生理上的事实。

原来尿和汗还是亲家，尿之尿素减少，则汗之尿素加多；汗之尿素少，则尿素都跑回尿那边去了。而其来去的主权，则由大脑派特别神经，暗中操纵。

尿的历史就复杂得多了。现代疾病的诊断，又往往非做尿的检查不可，都是想从尿液里，追寻出疾病的脏物。尿的出身，虽甚下贱，它的先前性状，又极神秘，而它却是牺牲了自己而出奔——有的说是被压迫而逃亡——调和了血液，保全了全体，大有功于人身。将来如有空闲，也拟替它作一篇正传。这里所要谈的，不过举其大概罢了。

它的大本营是肾，膀胱是它的行营。

肾是一副多管的腺，俗称腰子，又号腰花，常常被人误认为男子生殖器的睾丸。其实睾丸自是藏精之宫，而肾却是尿的制造所了。

在这每个制造所里面，约有二百万颗小球——肾小球——无数微血管密密地分布于此。

这么多的肾小球，又都被小球囊所包围。小球囊和肾小球之间，只隔了两层薄薄的膜：一层是微血管的外皮，一层便是肾小球的外皮。

那小球囊的空间，就是尿管的起点。

尿管起初是弯来弯去，千回百转，所以叫作盘曲的小管，后来才变成直直的一条，出了肾，直通尿道，而达于膀胱了。

肾，这制尿局，其结构是如此细微而繁复，于是生理学者，研究了再研究，在显微镜下，眼都看红了，还是纷纷论战，各执一说，还不能解决尿是怎样制造的问题。

有一派说，血一到了肾小球的微血管，因受大血管里的高血压所迫，只得透过了那两层薄膜，到了小球囊的空间，而变成尿。可是那尿太稀了，于是当流过了盘曲的小管的时候，在途中，就有一部分，又被两旁的外皮细胞所吸收了，其余的渐渐成了浓尿的本色。

又有一派也承认，尿是血所滤过的东西。不过，他们以为，在小球囊的尿，还不是完整的尿，而只是些无机盐和水，所以稀。后来，在盘曲小管的途中，又有一批尿素、阿莫尼亚[1]之类的有机物，从两旁的外皮分泌出来，加入尿的洪流中，于是就浓了。

这两说，各有其道理，其实验根据，等他们决定了，再叙吧。现在我们只认尿是血的后身就够了。

血是最受人敬重的，我们又怎么看不太起尿呢?

尿是有时而酸性，有时而淡的。这是间接受了食物的影响。吃肉的人，尿是酸性；吃素的人，尿近于淡。尿若变成了碱性，那是细菌这小贼的恶作剧。

尿的内容，除了守本分的无机盐和水之外，杂色的分子极多。主要的当然是尿素。其余还有尿酸、肌酸、马尿酸、草酸、硫酸盐、氧化酸、氮化酸、氮气、碳酸气、尿色素、尿胆素，各有各的来历与背景，还有有时列席有时缺席者不计外，真是济济一堂。这些名目都是抄自一位化学家的记录。

然而有人读了，就要生疑了。那姓马的尿酸怎么也会杂在里面，人尿里难道也会有马尿吗?

本来科学名词都有些奇特，我们若认真起来，就很吃力。马

〔1〕 阿莫尼亚：氨气溶于水的产物，有刺激性的味道。

尿酸，本是吃草的动物如马之类的尿中所常有。人及吃肉的动物，难得有。但人若常吃素，尿里就多了大量的马尿酸了。

反之，尿酸乃是吃肉的记号。所以尼姑、和尚之流，若开了荤偷着买肉吃，尿里面马尿酸的成分变成了尿酸，这是瞒不过实验室里的化验员的。

尿的质既是这样琳琅富丽，尿的量也很可观。成年男子在二十四小时之内所分泌出尿的总量，通常都有一千五百立方厘米到一千七百立方厘米之多。当然水喝得愈多，尿也就愈多，喝了茶、咖啡之类的饮料，尿也较多。这是常人所知道的。尿实是血过剩的去路啊。

然而，有人就要问了，尿何以恶臭难闻，它不是屎之流吗？这又是传统的误会了。

尿与屎并论，是尿百世之冤根。屎是食物的渣滓，和以胆汁，又有粪臭素、硫化氢之类的臭物，细菌成兆成亿地在那里寄生。虽居人身的腹地，并未曾受人肉的同化。

尿是血的分泌。血清尿包清，血浊尿也浊。血糖有过剩，而尿就成为糖尿了。尿的本味，就是阿莫尼亚的本味，是一种单纯的药味，昏迷的人闻了，还可以大醒。

尿所以恶臭，是离了人身之后而变成的。这不是尿之本身的罪状，而是细菌的罪状。让细菌吃饱了的东西，就是汗，就是泪，就是血，就是肉，有哪一件不臭呢？

独于尿，而最看不起，这是下流者的不幸。中国贫民窟里下层的民众，也被人看不起了几千年。泪也竭了，尿也尽了，只有汗还多可以流。多喝些革命的水吧！多喝些抗敌的酒吧！澄清民族的污浊！流出四万万人的血，使全太平洋的水变色！

色——谈色盲

有些泥古守旧的人，对于色，只认得红，其余的都模糊不清了，以为红是大喜大吉，红会升官发财，红能讨老婆生儿子，其余的色，哪一个配！

有些糊涂肉麻的人，如《红楼梦》里的贾宝玉之流，有特种爱红之癖，其余的色都被抹杀了，其余的色哪里赶得上？

然而，在今日的世界，红似乎又带有危险性了。有些人见了它就猜忌。不是前不多时，报纸上曾载过，德国有一位青年，因用了红领带，而被处了六个星期的徒刑吗？

但是，我这里所要谈的，并不是这些喜红、爱红和疑红的人，而是另一种人，认不得红的人。

这种人，对于红，一向是陌生的。

这种人，见了红以为是绿，见了绿又以为是红。

这种人，就叫作色盲。

色盲不是假装糊涂，而实是生理上的一种缺憾。这些话，在色盲者听了，或者能了然；不是色盲的人听了，反而有些不信任了，说我造谣。

因此我须从色字谈起。

色，这迷离恍惚、变幻莫测的东西，从来就有三种人最关心它。

物理学者关心它的来路，它的结构。

生理学者关心它的现实，它和人眼的反应。

心理学者关心它的去处，它对于心理上的影响。

虽然还有化学者在研究颜料的制造，诗人、美术家在欣赏、调和色的美感，政治家在用色来标榜他们的主义，市政交通当局在用色以表明危险与安全，如此等等的人，对于色，都想利用，都想揩油，于是色就走入歧路了。这些，我们不去细谈。

物理学者就说：色是从光的反映而成。光是从发光体送出来的一种波浪。这一波一浪也有长短。太长的我们看不见，太短的也看不见。

看不见的光，当然是没有色，然而它们仍在空气中横冲直撞，我们仍有间接的法子，去发现它们的存在，如紫外光、X 光、死光〔1〕之类。

看得见的光，就可以分析而成为种种色了。

大概发光体所送出的光，多不是单纯的光，内容很复杂，因而所反映出的色，也就不止一种了。

满天闪闪烁烁的群星，都是极庞大的发光体，和我们最亲热的就是太阳。地球上一切的光，不，整个太阳系的光，都是来自太阳〔2〕。电光、灯光、烛光，乃至小如萤火虫的光，乃至更小如某种放光细菌的微光，也都是受了太阳之赐。

太阳的光线，穿过了三棱镜，一受了曲折，就会现出一条美

〔1〕 死光：即激光。

〔2〕 此处有知识性错误。星星大多是像太阳一样的恒星，也会发光。

丽的色系，由大红，而金黄，而黄，而蓝，而绿，而靛青，而紫。红以上，紫以外，就因光波太长太短的缘故，不得而见了。而且这色系之间的演变，又是渐变而不是突变，所以色与色之间的界限，就没有理想的那样干脆了。

色之所以有多种，虽是由于光波的长短不齐，然而，其实也靠着人眼怎样的受用，怎样去辨识。没有人眼，色即是空；有人眼在，空即是色。这太阳的色系，是一切色的泉源，普通的人眼都还认不清，何况所谓色盲的人。

生理学者花了好些工夫去研究人眼，又花了好些工夫研究人眼所能见的色。

他们说：人眼的构造，和照相机相似，最里层有一片薄膜，叫作视网膜，那视网膜就好比是底片。一色至一切色的知觉都在这底片上决定，又伏有视神经的支脉，可以直接通知大脑。

色的知觉，可分为两党：一党是无色，一党是有色。

无色之党，就是黑与白及中间的灰色。

有色之党，就是太阳色系中的各色，再加上各种混合的色，如橄榄色、褐色之类。

有色之党，又可分为两派：一派是正色，一派是杂色。

正色，就是基本的色、纯粹的色。有的说只有三种，有的说可有四种。说三种的，以为是红、黄、蓝；又有以为是红、蓝、紫。说四种的，以为是红、绿、蓝、紫；也有以为是红、黄、绿、蓝。

总之，不论怎样，有了这些正色之后，其余的色都可以配合混制而成了。因此，其余的色都叫作杂色。据说，世间的杂色，可有一千种之多哩。

太阳、火焰、血的狂流，都是热烈的殷红。晴天的天、海洋的水，都是伟大的深蓝。大地上，不是一片青青的草、绿绿的叶，就是一片黄黄的沙、紫紫的石。这些不都是正色吗?

傍晚和黎明的霓霞、花儿的瓣、鸟儿的羽、蝴蝶的翅、金鱼的鳞，乃至于化学药品展览室里一瓶一瓶新发明的染料，这些不都是杂色吗?

有了这些动人而又迷人、醒人而又醉人、交相辉煌而又争妍夺艳的种种的色，我们的眉目都生动起来、活泼起来，然而外界的引诱力是因之而强化，于是我们有时又糊涂起来、迷惑起来了。我们的心房终于是突突不得安宁了。为的都是色。

这些话都是根据人眼的经验而谈。

然而，色，迷人的色，把它扫清吧！假使这世界是无色的世界，从白天到黑夜，从黑夜到白天，尽是黑与白与灰，这世界未免太冷落寂寞了，太清寒单调了，太无情无义了。

然而，世间就有这么一类人，对于色，是不认识了。大家看得见的色，他偏看不见，或看得很模糊，或大家看是红，他偏看出绿来，大家看是蓝，他偏看是白，大家看是黄，他看是暗灰色。

这一类人，有的是全色盲，对于一切色，都看不见；有的是一色盲，对于某色看不见；有的是半色盲，对于色，都看得模模糊糊罢了。

最可怜的，就是那全色盲，他的世界完全是黑与白与灰，是无彩色的有声电影的世界。

这些事实，人们是不大容易发觉的。在这奔波逐浪、汹涌澎湃的人海里，不知从哪一个时代哪一位古人起，才有色盲，我们是没有法子去考据的，也许有好些读者从来没有听见过色盲这个名词，也许你们当中就有色盲的人，却连自己都还没有发觉。

科学界注意这件事，是从18世纪末的英国化学家道尔顿起。这位科学先生，本身就是色盲。他就是认不得红色的色盲之一员。

认不得红色是有危险的呀！后来的生理学者、心理学者，都渐渐注意了。

他们说：水路、陆路的交通，都是以红色做危险的记号。轮船、火车上的司机，若是红色盲，岂不危险吗？十字大街上的红绿灯，是指挥不动这些色盲的路人了呀。于是这个问题就为市政和交通当局所重视了。

色盲的人，虽不是普遍的现象，然而也到处都有，尤以男子为多。据说，男子每百人中，色盲者有三四人；妇女每千人中，色盲者有一人乃至十人。

不过，完全色盲的人很少很少。最常有的还是红色盲。其次的，还有绿盲、紫盲、蓝盲、黄盲，如此之类的色盲。

这些色盲，都是对于某一种正色的朦胧，不认识。对于杂色，更是糊涂弄不清了。

然而，红盲的人，听了人家说红，就去揣度，有时他也自有他的间接法子、他的自定标准，去认识红，去解释红，所以人家说红，他也不去否认。这样地，我们要侦察他的实情，是真红盲，还是假红盲，就得用红的种种混合色、杂色，请他来比较一下，他的内幕于是乎被揭穿了。

医生检查色盲的种种手段，就是按照这个道理。

现在我们的敌人，有点假惺惺，口里声声亲善，背后枪炮刀剑，枪炮刀剑似乎是红，亲善又似乎不是红。中国的民众不要变成红盲吧！

声——爆竹声中话耳鼓

在首都，旧历新年的爆竹声，已不如从前那样通宵达旦、迅雷急雨般地齐鸣了。

不知被甚风吹走，今年的爆竹声，虽仍是东止西起、南停北响，但须停了好一会儿，才接着响下去，无精打采地，既像疏疏的几点雨声，又像檐下的滴漏，等了许久，才滴一滴。

在这国难非常严重的年头，凡有带点强为庆贺、强为欢笑之意的声调，本来就不顺耳，索性大放鞭炮，热闹一番，倒也可以稍稍振起民气，现在只有这不痛不痒的疏疏几声，意在敷衍点缀新年而了事，听了更加不耐烦了。

不耐烦，有什么法子想呢?

色、声、香、味、触，这五种特觉，只有声是防不胜防的，一时逃避不出它的势力范围之外。声音一发，听不听不能由你。这责任一半在于声音的性质，一半在于耳朵的构造。

声音是什么呢?

声音是一种波浪，因此又叫作音波。这音波在空气中游行，空气的分子受了振荡，一直向前冲，中间经了无数分散而凝集、凝集而又分散的曲折。

音波是由发音体发出来的，起先一定是发音体先受了振荡，所以两个坚实的物体，互相抨击，就可以成音。这音波是一波未平一波又起的，而每一波的长度都不相等，有时相差很远。

大凡合于音乐的音波，我们常人的耳朵所听得到的，它的波长，最长的不过 12 米～21 米之间，最短的波长只在 25 毫米之内。

这些音波在空气中飞行极快，平均的速率，每秒钟能行 33 米～36 米，但也要看所穿过的空气的寒暖程度如何。

不论怎样，这些合于音乐的音波，是有规则的，有韵节的。

不合于音乐的音波，就乱七八糟一点没有规律，没有韵节，所以听了就讨厌。

从前，新年的爆竹声，家家户户合奏像一阵一阵的交响曲，非常使人高兴。今年的爆竹声，受了当局不彻底的禁止，受了民间不景气的潮流的影响，好久好久忽儿发出三四声，短而促，真是不痛快而讨厌。

这是声音的不协调，而叫我感到不耐烦。

耳朵的结构是怎样的呢？

在我们的头颅上，两旁两扇翅膀似的耳翼，是收集音波的机器。在有的动物身上，它们还会听着大脑的指挥而活动，然而它们的价值只是加强了声音的浓度和辨别音波的来向罢了。

不谙生理学的中国人，尤其是星相家之流的人，太看重了这两扇耳翼，以为耳的宝贵尽在这里，而且还拿它们的大小作为富贵和寿命的标准。如老子耳长七寸便以为寿、刘先主[1]目能自顾其耳便以为贵之类的传说。

---

〔1〕 刘先主：即刘备，这里指传说刘备能用眼睛看到自己的耳朵，表示其耳朵大。

其实，若不伤及耳鼓，就是割去两扇耳翼，也还听得见，不过声音变得特别一点罢了。这两扇露在外面的耳翼，有什么了不得呢？

围着耳翼里面那一条黑暗的小弄，叫作耳道。耳道的终点，是一个圆膜的壁，叫作耳鼓。这耳鼓才是直接接收音波、传达音波的器官。这一片薄薄的耳鼓膜厚不及十分之一毫米，却也分作三层：外层是一层皮肤似的东西，内层是一层黏膜，中间是一层接连组织。它的形状有点像一个浅浅的漏斗，而那凸起的尖端，却不在正中央，略略地偏于下面。这样带一点倾斜的不相称的形状，能敏锐地感到音波的威胁而振动。音波的威胁一去，那耳鼓的振动就停止了，所以耳鼓若是完好的，那外来的声音就听得很干脆而清晰了。

紧靠在耳鼓膜的里面有三颗耳骨：一是锥骨，一是砧骨，一是镫骨。各因其形而得名。这三颗耳骨的那一面是靠着另一层薄膜，叫作耳窗，又名前庭窗。

这些耳骨是我们人身上最轻又最小的骨。它们的构造是极尽天工的巧妙，只需小小一点音波打着耳鼓，就可以使它们全部振动，那音波便被送进内耳里面去了。

内耳里面伏有听神经的支脉，叫作耳蜗神经。那耳蜗神经的细胞非常灵便，不论多么低微的声音，它们都能接收而传达于大脑。

现在像爆竹这般大而响的声音，我们哪里能逃避不听呢！就是掩着两扇耳翼，空气的分子，既受了振荡，总能传进耳鼓里面去呀。

不过，这也有一个限制，空气是无时不受着振荡，有的振荡的速率是太快或太慢，达到了我们的耳鼓上面，就不成其为声音了。

我们一般人所能听到的声音，极低微的振动频率，是在每秒钟 24 次至 30 次之间。有的人，就是低至每秒钟 16 次的振动频率的音波，也能听见。最高的振动频率，要在每秒钟 4 万次以内，才听得见。

在这里又要看各个人耳朵的感觉如何敏锐了。聋子是不用说了。有的人虽然没有到了聋子的地步，然而对于好些尖锐的声音，如虫鸟的叫鸣，就听不见。

虽然爆竹的声音，它的振动频率不太高也不太低，只要距离得不太远，是谁都能听见的！

现在我们国家管事的人对于敌人的侵略，好像虫声鸟声一般唧唧地在那里秘密讨论。它的振动频率太低了，使我们民众很难听得见。而汉奸及卖国者之流，又似乎放了疏疏几声的爆竹，以欢迎敌兵，闹得全世界都听见了，真是出丑，更令我们听了不耐烦。然而又有什么法子想呢？

香——谈气味

气味在人间，除了香与臭两小类之外，似乎还有第三种香臭相混的杂味吧。

植物香多臭少，动物臭多香少，矿物除了硫、硒、碲三者之外，又似乎没有什么气味了。

这些话是就鼻子的经验所得而谈。

香是鼻子所欢迎的，臭是所拒绝的，香臭不甚明了的第三种味，也就马马虎虎让它飘飘然飞过去了。

鼻子是两头通的，所以不但外界冲进来的气味瞒不过它，就是口里吞进去的，或胃里呕出来的东西，它也知道。捏着鼻子吃苦药，药就不大苦了。

然而鼻子有时塞住了，如得了伤风及鼻炎之类的疾病，那时就算尝了美酒香果，也没有平日那么可口了。

气味到底是什么东西组成的，而有这样的轻贵呢？是不是也和光波、音波一样，也在空气中颤动呢？从前果然有人以为气味的游行，也是波浪似的，一波未平，一波又起。而今这种观念却被打破了。

现代的生理学者都以为，气味是从各种物体发出来的细粉。这细粉大约是属于气体吧。既发出之后，就渐散渐远，渐远渐稀，终于稀散到乌合之乡去了。

但若在半途遇到了鼻子，就飘进了鼻房里面，在顶壁下，和嗅神经细胞接触，不论是香是臭，或香臭相混，大脑顷刻就知道了。

据说，同属一类的有机化合物，结构愈复杂，气味也愈浓。这样看来，气味这东西，似乎又是化学结构上原子量[1]的一种作用了。

因此，要把世间的气味，一一分门别类起来，那问题便不如起初料想的那样简单了。

于是我想鼻子真是一副极灵巧的器官啊，无论什么气味，多么细微，多么复杂，它都能分辨出来。

鼻子在所有感觉当中，资格算是最老了。

然而文明愈进步，鼻子就愈不灵，生物的进化程度愈高，鼻子的感觉也愈坏。

野蛮民族，如美洲红人、原始人之类，他们的鼻子，都比现代人灵得多。他们常以鼻子侦察敌人，审查毒物，从而脱离了危险。

狗的鼻子是出名的敏锐了。无论地上留有多么细微的气味，它都能追寻到原主。然而它也只认得熟人的气味，才是好气味。如果是生人，就是你满身都是香，也要对你狂吠几声，因为你不是它的圈子以内的人。

昆虫的嗅觉，似乎也很灵，不然房子里一放了食物，蟑螂、

---

〔1〕 原子量：由于原子的实际质量很小，如果人们用它们的实际质量来计算的话那就非常麻烦，元素的相对原子质量是其各种同位素相对原子质量的加权平均值。

蚂蚁之类的虫儿，怎么就知道出来游历考察呢?

气味的感觉，也是当局者迷，外来者清。鼻子有时疲倦了，也只有几分钟的热心。所以古人说:“入鲍鱼之肆，久而不闻其臭；入芝兰之室，久而不闻其香。”从生理学上来看，这句老话倒也不错。很多人总不觉着自己屋子里有臭味，一到外头去跑跑，回来就知道了。

气味有时也会倚强欺弱，一味为一味所压迫、所遮蔽、所中和。所以两味混在一起，有时我们只闻见这味，而闻不到那味，如尸体的味一经石炭酸的洗浸之后，就只有石炭酸的气味了。

因此，人们常用以香攻臭的战术来消灭一切不愿闻的气味。这种巧妙的战术，是大大地被有钱的妇女所利用了。这也是香粉、香水之类化妆品的入超〔1〕之一原因吧!

肉的气味，大家都一样，本来没有什么难闻。然而不幸有的人常常发生特种的气味，则不得不借香粉、香水之力遮蔽了。然而又有的人竟大施其香粉以取媚于其腻友，或在社交上博得好声誉。

然而香粉、香水之类的东西是和蜂采蜜一般，从花瓣花蕊里面采出来、榨出来的，究竟不是肉的本味，而是偷来的气味，似乎有些假。

因此我还有一首打油诗送给偷香的贵人们:

窃了花香做肉香，

〔1〕 入超：在一定时期（一般为一年）内，对外贸易中进口货物的总值超过出口货物的总值。

花香一散肉香亡，
剩下油皮和汗汁，
还君一个臭皮囊。

据说气味这东西与心理还有些联络。所以讨厌这个人也讨厌这个人的味，欢喜另一个人也欢喜那个人的味，这是常有的事，而且还有闻着气味而动了食指或色情的君子呢。

气味这东西真是不可思议。

在这个年头，气味有时使我们气闷，使我们掩了鼻子不是，不掩鼻子又不是。掩了鼻子又有不亲善的嫌疑，不掩鼻子又有人说你的鼻子麻木了、不中用了。

社会上有许多事是臭而又臭，绝没有一些香气，又不是第三种的杂味可以让它飘过去，真是左右难以做人啊。

细菌的衣食住行

衣食住行是人生的四件大事，一件都不能缺少。不但人类如此，就是其他生物也何曾能缺少一件，不过没有人类这样讲究罢了。

细菌是极微极小的生物，是生物中的小宝宝。这位小宝宝穿的是什么？吃的是什么？住在哪里？怎样行动？我们倒要见识一下。

好呀，请细菌出来给我们看一看呀！

不行，细菌是肉眼看不见的东西，它比我们的眼珠就小了两万倍[1]。幸亏二百六十年前荷兰有一位看门老头子列文虎克先生把它发现出来。列文虎克先生一生的嗜好就是磨镜头，他屋子里存着好几百架自制的显微镜，他天天在镜头下观察各种微小东西的形状。有一天他研究自己的齿垢，忽然看见好些微小的生物在唾液中游来游去，好像鱼在大海中游泳一般。这些微小的生物就是我们现在所要介绍的细菌。自从发现细菌以后，经过许多科学家辛辛苦苦的研究，现在我们已渐渐知道它的私生活的情况了，但是大众对于细菌不过偶尔闻名而已，很少有见面的机会，至于

〔1〕 此处有误。在数学上，缩小、减少的降低不能用倍数来表示。

它的衣食住行更莫名其妙了。

我们起初以为细菌实行裸体运动，一丝不挂，后来一经详细的观察，才晓得它们个个都穿着一层薄薄的衣服，科学的名词叫作荚膜。这种衣服是蜡制的，要把它染成紫色或红色才看得清楚。细菌顶怕热，若将它们抹在玻璃片上放在热气上烘，顷刻间这层蜡衣都被化走，露出它们娇嫩的肤体。它们又很爱体面，当它们来到人类或动物的体内游历或在牛奶瓶中盘桓之时，穿得格外整齐，这层蜡衣显得格外分明。细菌的种族很多，其中以荚膜杆菌、结核杆菌及肺炎球菌三族衣服穿得特别讲究，特别厚，特别容易被我们所认识。

细菌的吃最为奇特而复杂，我们若将它详详细细地分析一下，也可以写成一部食经。在这里不便将它的全部秘密泄露，只略选其大概而已。细菌是贪吃的小孩子，它们一见了可吃的东西便抢着吃，吃个不休，非吃得精光不止。但它们也有吃荤绝对不吃素的，也有吃素绝对不吃荤的，所以我们有动物病菌与植物病菌之分。大多数的细菌都是荤素兼吃。有的细菌荤素都不吃，而去吃空气中的氮或无机化合物如硝酸盐、亚硝酸盐、阿莫尼亚、一氧化碳之类。此外，还有吃铁的铁菌和吃硫黄的硫菌。更有专吃死肉不吃活肉的腐菌和专吃活肉不吃死肉的病菌。麻风的病菌只吃人及猴子的肉，不肯吃别的东西，平常住在水里或土壤里的细菌，到了人或动物的身上就要饿死。然而结核杆菌及鼠疫杆菌等这些穷凶极恶的病菌就很调皮，它们在离开人体到了外界之后又能暂吃别的东西以维持生命。在吃的方面，细菌还有一种和人类差不多的脾气，我们不可不知道的，就是太酸的不吃、太咸的不吃、太干的不吃、太淡而无味的也不吃，大凡合人类的胃口也就合它们的胃口。所以人类正吃得有味的东西，想不到它们也在那里不露声色地偷着吃。

细菌的住是和食连在一起的，吃到哪里就住到哪里，在哪里住就吃哪里的东西，它们吃的范围是这样的广大，它们住的区域也就无止境了。而且它们在不吃的时候也可以随风飘游，它们的子孙便散布于全地球了(别的星球有没有，我们还没有法子知道。从前德国有一位科学家特意坐气球上升到天空去拜访空中的细菌，他发现离地面四千米之高还有好些细菌在那里徘徊)。大部分的细菌都以土壤为归宿，而以粪土中所住的细菌为最多，大约每一克重的粪土住有 115 000 000 个细菌。由土壤而入于水，便以水为家，到了人及动植物身上，便以人及动植物的身体为家。还有一种细菌叫作爱热菌，在温泉里也可以过活。

好多种细菌身上都有一根或多根活泼而轻松的鞭毛。这鞭毛鼓舞起来，它们便可在水中飞奔，伤寒杆菌能于一小时之内渡过四毫米长的路程。这一点的路在细菌看来实在远得很，因为它们的身长尚不及两微米，而四毫米却比两微米长两千倍。霍乱弧菌飞奔得更快，它们可于一小时之内渡过十八厘米长的路程，比它们的身体长九万倍，别的生物都不能跑得这样快。然而细菌若专靠它们自己的鞭毛游动毕竟走得不远。它们是喜欢旅行、喜欢搬家的，于是不得不利用别的法子。它们看见苍蝇附在马尾还能日行千里，老鼠伏在船舱里犹能从欧洲搬到亚洲，它们何不就附在苍蝇和老鼠身上，岂不是也可以游历天下吗？于是蚊子、苍蝇就成了它们的飞机，臭虫、跳虱就成了它们的火车，鱼、蟹、蚝、蛤就成了它们的轮船，自由自在地到处观光。不仅如此，它们还会骑人，在这个人身上骑一下又跳到另外一个人身上骑一下，你看，在电车上，在戏院里，在一切公共的场所，这个人吐了一口痰，那个人说话口沫四溅，都是它们旅行的好机会呀！

细菌的大菜馆

是人类开始的那一天，亚当和夏娃手携手，赤足露身，在伊甸河畔的伊甸园中，唱着歌，随处嬉游，满园树木花草，香气袭人。亚当指着天空一阵飞鸟，又指着草原上一群牛羊，对夏娃说：看哪！这都是上帝赐给我们的食物呀。于是两口儿一齐跪伏在地上大声祷告，感谢上帝的恩惠。

这是犹太人的宗教传说。直到如今，在人类的半意识中，还以为天生万物皆供人类的食用、驱使、玩弄而已。

希腊神话中，奥林匹斯山上一切天神都是为人而有，如爱神司爱、战神司战、谷神司食，因为人而创出许多神来。

我们古老国家的一切山神、土地、灶君、城隍也都是替人掌管，为人而虚设其位。

这些渺渺茫茫的无稽之谈都含有一种自大性，人类自以为是天之骄子、地球上的主人翁。

自达尔文的《物种起源》出版，就给了这种自大的观念，迎头一个痛击。他用种种科学的事实，说明了人类的祖先是猴儿，猴儿的祖宗又是阿米巴（变形虫），一切的动物都是远亲近戚。这样一说，人类又有什么特别贵重呢？人类不过是靠一点小聪明，得到一些小遗产，走了运，做了生物的官，刮了地球的皮，屠杀动物，砍折植物，发掘矿物，以饱自己的肚皮，供自己的享乐，乃复造出种种邪说，自称为万物之灵。

布伦费尔先生，一位美国的先进细菌学家，正在约翰·霍普金斯大学医院实验室里，穿着白衣，坐在黑漆圆凳子上，俯着头细看显微镜下的某种大肠杆菌，忽然听见我讲到“饱自己的肚皮”一句，不禁失声大笑，没有转过头来，接着就说，带有一半不承认我的话的口气：

“饱谁的肚皮呀？恐怕不仅饱人类自己的肚皮吧？你就不想到人类的肚子里还有长期的食客、短期的食客、来来往往临时的食客呀。一个个两条腿走来走去的动物，还是细菌的游行大菜馆呀。”

我本来处于摇摇孤单的地位，硬着胆说了前面的一篇话，已预计会被听众包围问难，被他这一问，倒惊退一步。但他不等我回答，又站起来，回过身倚着实验桌旁，接着侃侃而谈。

“不仅人类的肚皮是细菌的菜馆，狮虎熊象、牛羊犬鼠、燕雁鸦雀、龟蛇鱼虾、蛤蚌蜗螺、蜂蚁蚊蝇，乃至于蚯蚓蛔虫，举凡一切有脊椎和无脊椎的动物，只需有一个可吃的肚皮或食管，都是细菌的大小菜馆、酒店。不但如此，鼻孔喉咙还是细菌的咖啡馆，皮肤毛管还是细菌的小食摊，而地球上一沟一尘、一瓢一勺，莫不是它们乘风纳凉、饮冰、喝茶之所。细菌虽小，所占地盘之大，子孙之多，繁殖之速，食物之繁，无微不至，无孔不入，诚人类所不敢望其肩膊。所以这世界的主人翁、生物的首席，与其让人类窃称，不如推举细菌。”

他说到这里顿了一顿，我赶紧含笑插进去说：“然则弱小细微的东西从今可以自豪了。你的话一点都不错。强者大者不必自鸣得意，弱者小者毋庸垂头丧气。大的生物如恐龙、巨象，因为自然界供养不起，早已绝种。现在以鲸为最大，而大海之中不常见。老虎居深山中，奔波终日，不得一饱，看见丛林里一只肥鹿，喜之不胜，又被它逃走了。蚂蚁虽小，而能分工合作，昼夜辛勤，所获食料，可供冬日之需。生物愈小，得食愈易。我不要再拖长了。现在就请布伦费尔先生给我们讲一点细菌大菜馆的情形吧！”

布伦费尔先生是研究人类肚子里的细菌的专家。他深知其中的奥妙。

于是这位穿白衣的科学先生又开口了。这一次，他提高嗓子，用庄严而略带幽默的态度说：

“我们这一所细菌大菜馆，一开前门便是切菜间，壁上有自来水，长流不息，菜刀上下，石磨两列，排成半圆形，还有一个粉红色活动的地板。后面有一条长长的甬道，直达厨房。厨房是一只大油锅，可以放缩，里面自然产生一种强烈的酸汁，一种神秘的酵汁。厨房的后面，先有小食堂，后有大食堂，曲曲弯弯，千回百转，小食堂备有咖喱似的黄汁，以及其他油呀醋呀，一应俱全。大食堂的设备，较为粗简，然而客座极多，可容无数细菌，有后门，直通垃圾桶。

“形形色色的菌客菌主、菌亲菌友，有的挺着胸膛，有的弯腰曲背，有的圆脸涂脂搽粉，有的大腹便便，有的留个辫子，有的满面胡须，或摇摇摆摆，或一步一跳，或匍匐而入，或昂然直入。有从前门，有从后门。

“从前门而入者，多留在切菜间，偷吃菜根肉余、齿垢皮屑。然而常为自来水所冲洗，立脚不定。不然，若吃得过火，连墙壁、地板、刀柄都要吃，于是乎人就有口肿、舌烂、牙痛之病了。

“这一群食客里面，最常来光顾的有六大族。一为圆脸的小球菌，二为像葡萄的葡萄球菌，三为珠脸的链球菌，四为硬挺挺的阳性格兰氏杆菌，五为肥硕的阴性格兰氏杆菌，六为弯腰曲背的螺旋菌，这些怪姓，经过一次的介绍，恐你们仍记不清啊。

“在刷牙漱口的时候，这些无赖的客人，一时惊散，但门虽设而常开，它们又不请自来了。

“婴儿呱呱坠地的一刹那间，这所新菜馆是冷清清的无声无息。但一见了空气，一经洗涤，细菌闻到腥秽的气味，就争先恐后，一个个从后门踉跄而入。假如将婴儿的肛门消毒，再用一条无菌的浴巾封好，则可经二十小时之久，一验胎粪仍杳然无菌迹。一过了二十小时之后，纵使后门围得水泄不通，而前门大开，细菌已伏在乳汁里面混进来了。

“在母亲的乳汁中混进来的食客以乳枝杆菌一族为最多，占99%，其中有时夹着几个肠球菌及大肠杆菌。

“假如母亲的乳不够吃，又不愿意雇奶妈，而去请母黄牛做奶娘，由牛奶所带来的细菌，就五光十色了。最多数的不是乳枝杆菌，而是乳酸杆菌了。此外还有各种各样的大肠杆菌、肠球菌、阳性格兰氏需气芽孢杆菌、厌气菌等，甚至有时混着一两个刺客，如结核杆菌，那就危险了，所以没有严格消毒过的牛奶，不可乱吃呀！

“在成年人肚子饿的时候，油锅里没有菜煮，细菌也不来了。一吃了东西，细菌跟着进来，厨房里就拥挤不堪。但是胃汁是很强烈的，它们未吃半饱，都已淹死了。只有几种抗酸杆菌及芽孢杆菌还可幸免。但是有胃病的人，胃汁的酸性太弱，细菌仍得以自全，并且如八叠球菌、寄腐杆菌等竟毫无顾忌地就在这厨房里组织新家庭，生出无数菌儿菌孙。而那病人的胃一阵一阵地痛了。

“过了厨房，就是小食堂。那里食客还不多。然而食客到了食堂就流连不忍离去，于是有好些都由短期变成长期食客了，这些长期食客中以大肠杆菌为最主要。它的足迹走遍天下菜馆，不论是有色人种也好，无色人种也好，它都认得，每个人的肠内都有它在吃。”

说到这里，白衣科学先生用他尖长的右手的食指，指着桌上那一架显微镜说：

“我在这显微镜上看的就是这一种大肠杆菌。其余的食客恕我不一一详举。

“一到了大食堂，就大热闹起来。摇头摆尾，挤眉弄眼，拍手踏足，摩肩攘臂，济济一堂，尽是细菌亲友、细菌本家。有时它们意见不合，争吵起来，扭作一团，全场大乱，人便觉得肚子里有一股气，放不出来。

“快到后门了，菜渣和细菌及咖喱似的黄汁相拌，一变而为屎。一斤屎有四五两细菌哩。然而大部分都吃得太饱胀死了。

“以上所述，都是安分守己的细菌，还有一群专门捣墙毁壁的病菌，那我们不称它们为食客。简直叫它们刺客暗杀党了。这就再请别位的专家来讲吧！”

细菌的祖宗——生物的三元论

中国人最尊重的就是祖宗，所以现在我要谈起细菌的祖宗，一定很合你们的胃口，你们听了总不会十分讨厌吧。

不过，我们中国人从来是重男轻女，所谓祖宗都是指父党而言，和母亲娘家的人是毫无关系的。每逢年节，祭祖扫墓的事不都是纪念父系这边的死人吗?

细菌这生物，不分男女，不别雌雄，就有，也都一律平等，没有什么轻重，所以科学家不论是在显微镜下观察，或者是在玻璃器里实验，不知费了多少精神、几许工夫，总不能辨出它们，哪个是公，哪个是婆，哪个是夫，哪个是妇。

细菌的祖宗究竟是谁呢?

古今中外的帝王都有年谱，世家也有列传。细菌族里可惜没有族谱，而且从来没有人替它们立传。所以菌族先世的性状并没有记载可寻。

于是生物学者就纷纷议论起来了。

人类和细菌初次会面不过是二百六十多年前的事。中国人虽常吃香蕈蘑菇，然而这些都是大菌，和细菌无干。

有人说，香蕈蘑菇之类的大菌便是细菌的祖宗。提出这个意见的人以为小的生物都是从大的生物而来。例如蚂蚁、蜜蜂、蝴蝶、苍蝇以及其他一切昆虫的祖宗，就是古生物时代号称为大海霸王的三叶虫。在当时，三叶虫的躯体庞大无比，横行水中，水中小鱼小兽见了它都很羡慕，谁想到它后代的子孙，都是那么小小的。

又如龟蛇鳄鱼这一类的动物，它们的祖宗，也曾在大陆上横行过一时，那时代就叫作爬虫时代，那些爬虫，如恐龙、怪蟒之类，都是顶大顶可怕的。

就是我们人类的祖宗，原始人的躯体听说也比现代人大了好些。这些不都是生物从大而小的证据吗？

然而有些微生物学者听了这话又大不以为然了。据他们说，单细胞生物是多细胞生物的祖宗，而单细胞生物却比多细胞生物小。这样一说，生物的演变，又是由小而大了。

据说最近几十年内，微生物学者又发现了好几种有生命的小东西，小到连显微镜下都看不见，因而称作超显微镜的生物。那么，这些超显微镜的生物，是不是细菌的祖宗，而细菌又是不是其他一切生物的祖宗呢？

但是超显微镜的生物，也和细菌一样，也和香蕈蘑菇一样，都不能独立自主地生活，都须寄生于其他生物的身上，这样一说，就都没有做祖宗的资格，因为没有主人不会有客人，没有其他生物之先哪里会有寄生物呢？

这岂不是说像细菌这一类的东西，只配做人家的儿孙，不配做人家的祖宗吗？

生物学者向来强把生物分作两大界：一界是植物，一界是动物。

我以为既分作两界，不如分作三界。另添的一界是菌物，就是指香蕈蘑菇和细菌这一类的东西。

分作两界最大的理由，是因为植物体内有叶绿素，靠着这叶绿素的力量，它会利用阳光，将水及二氧化碳综合起来变成糖类。动物却没有这个本事，这是动植物两界基本上不同的地方。

其次，就是因为动物能行动自由，不受土地的束缚，而植物则非连根带泥拔出来，就动不得，偶尔身上长有鞭毛或纤毛，然而也只能使局部略略飘动罢了，并不是全身的迁移。

又其次就是因为动物须到处寻找食物，所以具有敏锐的感觉神经，而植物无须仔细去辨别食物，所以并没有像动物那样敏锐的感觉。

又其次就是因为这两界的生物的形态大不相同。动物的身体都缩作一团，上面有一条孔道可通食物，又具有消化器。植物所吃的东西都是气体和液体，这些东西四处都有，又无须经过消化的手续，所以它们的枝、干、叶、根都四面张开。

现在大个子的菌物，如香蕈蘑菇之类，都是附着树干上而生，它们的外貌和植物没有两样，所以生物学者都把它们认作植物，可是它们的内容并没有一点叶绿素。没有叶绿素又怎样配称作植物呢！

至于细菌这一类小小的东西，固然有的也在土中生长，有的也随着空气而飘荡，有的也在水中随波逐流，有的竟漂泊到动植物身上去，就是人类的肚子里也有它们的踪迹，它们身上的鞭毛又很活泼，在液体中游动起来，真比汽船和潜艇还快，这些都充分地表明它们可以自由行动，并不受土壤的节制。况且它们身上也没有一丝一毫的叶绿素，这样看来应当把它们归于动物一界了。

然而生物学者犹豫了半世纪之久，后来到底因为它们的生活状态极似大菌，终于列它们于植物之界了。

细菌族里还有一位螺大哥，它们的形状弯弯曲曲，很像螺丝钉，因为它身上没有鞭毛，靠着它自身一弯一曲的力量，而能飞快地游动，因此有时生物学者又把它拉入动物之界了。

这似乎有点不公平。这是生物学传统的观念，以为生物只能有两界，不是植物，便是动物，只看形式，不顾实际。

植物固然有叶绿素，能自制糖。这糖便是植物自身的食料，但它造得太多了，而有过剩，这些过剩的食料便送给动物吃了。

动物因为有消化器，所以能把这些植物所过剩的食料，分解了而又重新综合起来，变成自身组织的结构。若植物只管制造食料，动物只管吞吃食料，而没有第三者出来代自然界收回这些原料，以供植物的再取再用，那生物界就有绝食之虞了。

这第三者的工作，就是菌物界的各分子来担任了。

香蕈蘑菇的工作，就是去分解树皮、树干、树枝、树叶这一类坚硬的东西，使它们软化，然后昆虫吃了才能消化。

细菌的工作，就是去分解动物的尸身，把它们变成各种无机物，以供植物直接从土中吸收。

由此可见，生物的循环，是有三大段，第一段是植物的工作，第二段是动物的工作，第三段便是菌物的工作了。

生物既分作三界了，菌族的地位，也就名正言顺，落落大方，不必依傍他物了，于是菌族的祖宗也就有些眉目可寻了。

这些眉目在哪里呢？

我们现在请达尔文先生出来做见证吧。在达尔文先生的《物种起源》里，一切生物的进化程序，可以说都是由简单而复杂。

这样一说，单细胞生物无疑是多细胞生物的祖宗了。

阿米巴是最简单的单细胞动物，于是阿米巴就做了动物界的祖宗了。青苔是最简单的单细胞植物，于是青苔就做了植物界的祖宗了。细菌是最简单的单细胞菌物，于是细菌也就做了菌物界的祖宗了。

这三界是一样的重要，缺一不可，这是生物的三元论。

阿米巴、青苔和细菌是生物的三位“教主”。然则谁是生物的太上老君呢？那就渺渺茫茫无从考据了。

地球的繁荣与土壤的劳动者

吾乡福州，环山抱海，在人迹未到之前，原是闽江北岸鼓山脚下一片荒地、几块乱石而已。后来，由苗民部落，而田舍、小村、小镇，而县城，而府治，而今日福建的省会，其间也曾做过好几年帝王的宫城，至今城内犹留下三座秀丽的小山——于山、乌石山及屏山，是当初的三块大石头，当苗民初来时，荆棘野草满目，不堪行人。后经他们一步一步地踏成羊肠小径，渐渐化为泥路。汉族移民到此，把它砌成为石子路，又改造为石板路。吾家在于山之麓，我幼时，到明伦小学去读书，天天从家里出来，要转好几个弯，这些石板路，是走得极其纯熟的了。谁知十五年之后，回到故乡，已街道改观，不识旧人，三坊七巷之间，都是宽大平坦的马路了。

由羊肠小径变成平坦大道，由荒野乱石变成热闹的都市，这个浩大的工程，谁的功、谁的力、谁的汗滴成的呢?

埃及的金字塔，中国的万里长城，欧洲各处的大教堂、皇宫，纽约的摩天大厦，地球上一切伟大的建筑物，君王只需一道命令，阔佬只需一张支票，工程师不过绞了一点脑汁，是谁在那里天天流汗、呼喊、挣扎而造成的呢?这些建筑物，万古长存，任人凭吊，而流汗的大众却早已被后人遗忘了。

太阳是群星中的一颗，地球又是太阳的一粒碎片，福州只是地球上的一抔黄土、几根青苔而已，那些大的建筑物，在地图上，却不过是一点一圈、一横一直罢了。

地球是我们人类的家乡。地球的年龄，据地质学家的估计，大约是四十六亿年。当它初从太阳怀里落下来的时候，是一团火焰，熔化着各种元素。后来慢慢地冷下来，凝结成了一块橘子形的大石头，直径不及八千英里[1]，地心犹是火焰，地面是热腾腾的蒸汽。后来地面起了皱纹，凹凸不平，凹处蒸汽冷了，变成海洋，凸处成为高山。高山的岩石，被风霜冰雹打成碎片散沙，被大雨冲洗而下，随江河的急流而入于海。这些散沙，在海底浸润了几千万年之久，变成烂泥，等到了环境和气候都适合于生物生存的时候，于是小小的生物，如阿米巴、海藻之类，斯斯文文，不慌不忙地，从烂泥中，一个个跳出来，和太阳行见面礼。这时候的地球是阿米巴和海藻的世界了。

又过了几千万年之后，三叶虫出世，夺了阿米巴的宝座，自称为大海霸王，如今一切的昆虫，都是它的儿孙。

再过了几千万年，大鱼小鱼都出世了，还有一跳一跳的癞蛤蟆也跟着来了。有一天癞蛤蟆露出头来在水面观光，发现了陆地，大喜，哇的一声，一跃而上，觉得这里倒很清净，从那天起，时时带它的老婆儿女，出没于水陆之间，号称两栖。这时候陆地上也有了一层烂泥了。

由于蛤蟆的领导，大海里的动物，都要爬到陆地上去觅食，但是它们水里游泳已惯，一旦爬上岸，只得匍匐蹒跚而行，后

〔1〕 英里：英制长度单位。1 英里等于 1.609344 千米。

来觉得陆地上有趣，都不肯回到水中，于是就有爬虫类的出现。这些洪荒时代的爬虫，都奇形怪状，庞大无比。它们无时不在追捕弱小的动物，以充饥肠。弱小的动物，被它们追得无处逃生，经过几百万年的奋斗，果然有一天，前身两臂渐渐化成翅膀，奋力一伸，飞上天空，于是天空就有了飞鸟。

地面上的气候，一天比一天冷了。赤身光体的爬虫，抵不住寒风的侵袭，为应付新环境，自然界就产生了哺乳类动物。哺乳类全身都有很厚很长的毛，可以御寒。它们又感到卵生之不便，把孵育的工作收回子宫里面，等到胎儿的雏形完成之后，才离开母体。胎儿出生之后，又把它放在安全的地方，喂以母乳，教之觅食，直到长成能自往觅食为止。这时候陆地上已有了森林。

哺乳类动物以猿猴最聪明。它利用两手攀登树木，剖吃果实，渐渐有了起立步行之势。

大脑渐渐地发达了，有了记忆力，就发生了情感作用；有了想象力，就发生了理智作用。结合情感与理智，便有了创作发明的力量，于是原始人竟和猴子有些不同了。他看见地上有许多石子和火石，就拣几个起来，制成种种石器，或粗或细，可以猎食，可以防身。由原始人到现在，据说已有五十万年的光阴了。至少，在第四次冰河退走之后，第一个和现代人一样身材容貌之真人出现的时候，距今也有二万五千年了。

石器时代过去了。人类分支繁殖起来，征服了动植物，居然做了地球上唯我独尊的主人翁了。由狩猎的生活而进为渔牧的生活，而进为耕种的生活，而进为工厂机械商人大腹贾的生活了。由野人一变而为酋长，由酋长一变而为国王、皇帝，由国王、皇帝一变而为资本家，资本家一亡，便为劳动者的世界了。由于怕鬼怕天怕黑暗而入于神学的思想，神学不足信，乃代以玄学，玄学不足信，乃代以科学发达起来，于是火车、汽车、轮船、飞机、无线电、120层摩天楼、电梯，一上一下，飞来飞去，时东时西，忙个不了，流线型的生活，穷极物质之奢，把地球的面皮抓得怪痒难受的。假使原始人复活起来，走到南京路上，一定目瞪口呆，东张西望，不知怎样是好，手里所存的一块石头子也忘其所用了。现代人果然厉害！

然而，追本溯源，生物的原始，是从烂泥中出来的，地面上一切生物的繁荣，也都靠着烂泥里面食料的供给，源源不绝。人类一切的进步，科学一切的发明，也都要归功于烂泥。烂泥是一切生命创作的源泉啊。

烂泥就是土壤。土壤的结构，是矿物的粉粒与有机物的碎片相拌，再和以水或空气。有机物是由动植物的尸身分解而来。动植物的死亡相继不已，则有机物的供给无穷。然而矿物的粉粒有时不足。徒有有机物而无矿物，则是垃圾堆，不是土壤；徒有矿物而无有机物，则是沙滩，也不是土壤。

所以，要使土壤里面的食料不至于完尽，以维持地球的生活，一定要时时补充、时时变换。这变换和补充的职务，谁能担任呢？谁是土壤的劳动者呢？

是蚂蚁吗？是蚯蚓吗？

蚂蚁、蚯蚓，在土壤里，钻来钻去，忙的是自己的吃饭和居住问题，不过它们奔走的结果，确有松解土壤之功，使空气得以流通，然而对于变换和补充土壤的工作，它们是丝毫没有能力的啊。

是人类的锄头吗？是农人所施种的肥料吗？

锄头也不过是松解土壤，肥料只是增加土壤里有机物的容量而已。

土壤的劳动者，就是我们肉眼看不见的小宝宝，叫作细菌啊。土壤细菌的生生世世，唯一的工作，唯一的使命，就是变换土壤的性质，补充土壤的原料。这等工作，除了土壤细菌而外，断非其他生物所能胜任。

大多数的土壤细菌，都盘踞在离地面两英寸至九英寸深的土壤里。入土愈深则细菌愈少，在含湿气多的土壤，两三英尺深以下，就几乎完全没有细菌了。在经人灌溉过的松软的土壤里，到了九英尺深，还有细菌。每克的土壤，含有三百万至两亿个细菌。有这样多的细菌在那里工作，无怪乎土壤常常都是又肥又新鲜。[1]

自阿米巴以至于人类，自青苔、绿藻以至于大树上的残花枯叶，地球上一切的生物，不死则已，死了都要归入土中。细菌见了，就围着吃，慢慢地把它们身上的复杂的蛋白质或纤维素，一点一点地都分解下来。有的变成碳酸气，送入空气中。有的变成阿莫尼亚，又氧化成为硝酸盐。这硝酸盐就是植物的最重要的一种食料，植物的根可以从土中自由吸收。硝酸盐是土壤的宝藏，它的供给所以能源源而来者，就是靠着土壤细菌，昼夜不息地工作哩。土壤细菌实是地球上最重要的劳动者，土壤的变换与补充，实是地球上最浩大的工程。

然而，在这资本主义还没有完全消灭的时代，劳动者还是被人看不起，小小的土壤细菌，能引起人类的注意吗？

〔1〕 英寸、英尺：英制长度单位。1 英寸等于 2.54 厘米，1 英尺等于 0.3048 米。

病的面面观

病是中国人的家常便饭，西洋人的午后茶点，司空见惯了，它的辛酸苦辣，没有谁不知道哩。有许多人听了病这一字，不免愁眉皱额，叹一两口气，滴几滴同情的眼泪。在这个讲不得卫生的年头儿，谁没有过病的经验，或是见家人病，或是见人家病，或是自己倒在床上起不来。有的人一身都是病，一旦传染流行起来，一家、一村、一市、一国，甚至于全地球都要被它踏遍了，还不肯于短时间内退兵，真是愈演愈厉害了。

病之来也如风如迅雷闪电，猝不及防，出人不意，然亦有时得之于有意无意之间。病之去也如五月间的梅雨，留下许多污泥水印。病有呻吟哎哟之声，枯黄惨白之色，浓臭汗药之味，憔悴瘦削之容，充满了疲惫沉闷的空气。病虽与生同居，却与死为邻，思至此，不禁为之提心吊胆。

然而普通人只有病的经验，说不出病的道理来，不知病的起源、病的趋向，病从何方来？到何方去？前一刻还没有病，怎么这一刻就病了？从哪一分哪一秒病起？哪一分哪一秒病止？人怎样才算病？病怎样才算好？好人和病人究竟有什么区别？病重者易见。病轻者难辨，病有时看不出、验不出，有时说不出，有时不愿说出、不便说出、不敢说出，人不是时时刻刻都有病的危险吗？好了又病，病了又好，病都病了，也都好了，还有不免一死，一死而了，做人真难做，病到底怎样讲，也应该有一个界限，有个标准，有个分寸。病到底是什么定义呢？真是使一般人听了，摸头摸脑摸不着，没奈何。

因为病轻者难辨，于是病可以假。记得做中学生的时候，欲请假无由，假病为由。校医验病，一向只看热度及脉跳。假病的惯例，先吃一碗辣酱面，再去大操场快跑一圈，即到医院。校医验罢，一声不响，准假单立挥而就。

因为病有时看不出，于是病又可以假了。观乎报上所载各种要人的病，时而来沪就医，时而上莫干山，时而迁青岛，时而飞庐山，凡不能了、不易了的公事，均以一病了之。病则辞职有辞，免职亦有词。要人诚多病，病多看不出。

因为病有时验不出，所以医生可以说病人并无病，是神经作用，是心理虚构。我曾在某医院住了半年，半年之中，看见不少病人，而最奇怪的病，莫如一种似病非病、无病的病人，医生天天说他无病，他天天在医生面前摸头弄手、指口画心，一五一十，诉他的病，医生终于无法验出他的病，他也终于无法，垂头丧气，出院去了。

妇人的病，多说不出，多不便说出。身有暗疾，或犯性神经衰弱，及一切不漂亮的病，则不愿说出。若不幸而得花红柳绿的病，则更不敢说。面子要紧，病在其次。所以这些病都不肯直说了。

病居然也有贵贱善恶之分。达官贵人的病总是公事太忙，操劳过度。小工穷人的病，总是前生恶报，自作自受。

娇生惯养的公子哥、小姐、少奶奶，经不起风吹雨滴太阳晒，出不得门，走不得远路，爬不上高山，穿衣吃饭都需人扶持服侍。这些人虽无病，而他们的做作架子有甚于病人，可以称作有病意的好人了。

17世纪时，法国大文豪伏尔泰，一生为病魔所缠，而他不断地努力、挣扎、奋斗，活到了84岁，所遗留下的作品之多，恐怕除了歌德之外，没有人敢比了。19世纪时，苏格兰著作家斯蒂文森，是一位长期的肺痨病者，而他的《宝岛》及其他小说等，就是在病中作的，至今犹脍炙人口。这两位先生，就是虽病不病的病人了。

病与好之别在旁观者看来是一样，在病人自己看来又是一样。

在病人，自然觉得，病的时期是多么苦痛，好的时期是多么清爽。心与身是相互联系的。伤风生病，伤心也会生病。而且病的轻重，随着心境而变化，心境的悲乐也随着病而变化，时而希望，时而失望，时而绝望。绝望之为虚妄正与希望相同。然而这是旁人不关痛痒的话。病人的苦心，又岂无病的人所能知，有几个人，大病在身，能神色不变、怡然自得呢？果而，则是天，与自然同化。

在医生，靠他课堂上所闻、书本上所见、实验室所做及临床所记录等，综合而得来的学识，于是一个一个排在病房中，或坐在门诊间里面，各种各色的病人，都是他动口动手的实验品了，这人的病状报告及诊视结果，再佐以痰血屎尿的检查，假如和他记忆中的某种理想的病象相符合，就没有问题了。万一遇到一种记忆里模糊，或记忆里没有过的病症，一时脑子里忙乱起来，于是寻参考书、请大医生，或用好言来对付敷衍病人，心里也就平静了。至于病人的进展、病的去向，管不着，病人的经济能力，病人的家境，病人心中的苦痛，更不喜多问了。病是什么？病是医生的生意，病人是医院的商品，病是一种学问，医生是商人而兼学者，有时还能做官啊。医生与病人真正的关系，七分在钱，二分在学问，或有一分在治病。

以病人为商品，为试验品，这不过是一般医生的眼光、心理。以病的大事，完全托付于一二年轻、唯利是图的医生，不啻以生命做赌物，医生固有时承担不起这种输赢的责任啊。那么，怎么办呢？病是什么？人为什么病？病到底是怎样解说呢？

我们且看病的内容，病的枝叶花果，然后寻出它的根由。

人身无时无刻不在环境包围攻击之中。夏日热要中暑，北风冷要受寒，登高山有山病，潜海底有水病。既晕车，又晕船，煤毒，金毒，砒毒，酒、烟、鸦片、吗啡种种毒品，腊肠罐头，有时也含毒质，都可以致病，营养不足会病，新陈代谢失调也会病。真是病不可胜病。这些病还是自己走上门来，没有别个主使，没有别个来侵害哩。

生物界中，各级分子，到处抢食。有的爬近人类身旁，人肉也香也中吃，率性咬他一口。这一咬，人不是伤就是病，或是死；不死，就要反攻复仇了。然而有时是人把它吞下去了，它没有闷死，于是就将计就计，在肚子里反攻复仇。结局谁死谁活，要看谁的手段高，或竟两下协调，这一辈子可以相安无事了。

老虎咬人，只需一口，生与死直接交代，没有病在中间，所以老虎之咬，是死的因，不成病的因了。

疯狗咬人，不是狗要吃人，是狗口涎里的微生物要吃人，所以狗不过是病的桥梁。那微生物是病的坦克车了。

毒蛇咬人，人吃毒鱼，蛇和鱼不是病因，而它们所分泌的毒，却是病因了。

臭虫、蚊子、鼠蚤咬人，他们只贪吃一点人血罢了，却都不是病因。但是它们有时包藏祸心，变成传染病的轰炸机，所投下的炸弹，都是极凶狠的微生物，而演成黑热病、疟疾及鼠疫的惨变。这些微生物才是病的元凶、病的主犯。

微生物未必皆害人生病，然而从外界侵入的病，则必由于一种微生物作祟。

微生物是肉眼看不见的生物。因为看不见，所以容易混入人体，而人不知，这是侵害人体内部的第一条资格。若是苍蝇冲进口里、蚂蚁爬入鼻孔，早已没命了。

微生物种类甚繁，分布甚广，其害人者，多寄生于人畜及昆虫体内，所以又名寄生物。在多细胞动物中，有蛭，有带虫，有线虫，有疥虫诸类；在单细胞动物中，有变形虫，有疟虫，有鞭毛虫，有纤毛虫，有螺旋虫诸类；在单细胞植物中，有丝菌，有线菌，有酵母菌，有球菌，有杆菌，有螺旋菌诸类，统称曰细菌；此外还有一类最小的生物，小到连显微镜都看不见，科学的名词叫滤过性病毒，天花、麻疹、疯狗咬病等等，就是它们所下的毒手。这些怪姓怪名的生物，不过先请出来见一见，以后当有再谈的机会。

这些微生物，有一个侵入人体，去吃人的细胞，病就开始，拼了个你死我活。它不退尽杀尽，病不能好，或者双方实行共同生活，病也就无形之中去了。

我们的抗敌英雄

像葡萄酒一般殷红的血，比葡萄酒更为鲜明活跃，自肥嫩而有弹性的心房出发，按着心房一放一收的节拍，顺着血管的一涨一缩，像潮水一般汹涌地周流于全身，分送食粮于各器官、各组织、各细胞，又收集了各处的污物，到了肺，经过氧气的洗涤之后，复归至心房，这样地循环不已，昼夜不息。

血和酒不同，酒是纯净的液体，血里面却含有无数生动而且握有权威的东西。其中有两大群最为明显：一是红血球，它们是运粮使者，我们在这里不谈；一是白血球，这就是我们所敬慕的抗敌英雄。这群小英雄们是一向不知道什么叫作无抵抗主义的，他们遇到敌人来侵，总是挺身站在最前线。

白血球将军的属下有两种军队。第一种是自由冲击队，到处巡游，遇到有形迹可疑的东西便把它包围起来。它们的标志是体内有多形的核，所以叫作多形核细胞，因为它们的体积较小，又叫作小噬细胞。第二种体积较大，就叫作巨噬细胞。它们是不动地分驻在各要隘，专候外敌来攻，即迎头痛击。它们所驻扎的地点如下：肝的微血管、脾窦、淋巴窦、肾上腺的微血管、大脑下垂体的微血管、脾淋巴腺及组织、胸腺。

白血球是人及高等动物防卫身体的战士。自生物进化史上看来，也是一步一步的演进而成。在原始的单细胞动物，如阿米巴，它们的整个生活方式就是伸出伪足将敌人包围、吞食，而渐消化之，其不能消化者皆逐出于体外。在下等的多细胞动物，如海绵和海蜇，也是用它们的阿米巴式的细胞来吞食敌人。在无脊动物，如棘皮乃昆虫及至于有脊动物中的青蛙，在它们由幼虫或蝌蚪变成正式形体的过程中，也是用它们阿米巴式的细胞把体内所附有多余的组织一点一点地吸收完尽。这种阿米巴式的细胞吸收幼虫的作用和白血球吸收外来物体的作用相仿。假如我们把女人脸上所擦的胭脂粉注射入暖血动物，如狗的体内，则狗身上的白血球就会把这胭脂粉包围而吞食进去；若将这胭脂粉放在阿米巴身旁，也会被阿米巴所包围而吞食。又如你的朋友若得了盲肠炎，送到红十字会医院去开刀，手术既毕，医生用羊肠线把他肚皮的伤口缝好，过了数星期之后，伤口完全好了，肚皮上的羊肠线亦不见了，这也是白血球的作用，羊肠线是被白血球吃光了。总而言之，高等动物的白血球是原始动物阿米巴的后裔，它们的容貌、性格都很相同，一碰到陌生的物体就要攻击，包围并吞，不稍存畏缩退怯之念，真是可敬。

白血球尤恨细菌，细菌这凶狠的东西一旦侵入人体的内部组织，白血球不论远近就立刻动员前来围剿。

然而细菌要侵入人体也不是容易的事。在健康的时候，我们的皮肤非常结实，许多细菌虽集在面上跑来跑去，终究没有缝隙可寻。我们的鼻孔好像两个高耸的烟筒，宜乎可以进去，然而鼻毛像刺刀一般林立在那里挡驾，就说这些狡猾的细菌能慢慢地一步一步偷进去，到了气管边，触动了尖锐的神经，我们一喷嚏一咳嗽，又都把它们打出来了。我们张着大口吃东西的时候，这一条康庄大道应当可以长驱直入，但一到了胃，看见了又酸又辣滔滔滚滚的胃汁而兴望洋之叹，就都在那里浸死了。此外，我们的眼泪、鼻涕、口津也都有一点杀菌的力量，时时都可以把它们扫清。但是或因气候变迁而受了寒冷，或因胃口不佳而营养不足，把全身的抵抗力减弱而细菌遂得以乘机侵入内部。在这个当儿，白血球闻警，立刻下了紧急动员令，直驱前线，与犯境的细菌死战。同时在骨髓里，加紧训练新兵，在短时间内，白血球的军队顿增了好几倍。

双方互有死亡，双方互有补充。细菌依靠它们的生殖力迅速，而白血球则一口能吞尽好几个细菌。白血球的战略有三个步骤：第一步，先与细菌接战；第二步，将细菌包围；第三步，消灭细菌。细菌的战略是在未接战之前放出一种化学毒素使白血球不得近其身。在这个情形之下，我们的身体又产生一种噬菌素来助战。这噬菌素能调解细菌的毒素使白血球仍得与细菌接战而吞食了。结果，若白血球打了胜仗，将细菌悉数歼灭，病就好了，身体也渐渐地复原了。若白血球抵抗不过，细菌打了胜仗，若再没有别的法子来救治，那性命就危险了。

人菌争食之战

生物为着生存而食，为着食而斗争。

斗争一起，于是同类自相残杀，异类不断地侵略异类，于是强者越蛮横，弱者被淘汰了。

这儿以人类的对头为最多。人类不但同室操戈，他至今犹有三大恶敌，不时和他挑战。

有人兽之战，这儿是人类打了胜仗，把那一群野兽们都赶入山林深处了。

有人虫之战，这儿是互有胜负，相持不下。如臭虫、蚊子、跳蚤、身虱（shī）之群至今还是很活跃。

有人菌之战，这儿是人类吃大亏了。毒菌之祸，有甚于猛兽害虫，它杀人之多，有过于历史上水旱、刀兵、地震的总和。直到最近六十年来，人类的科学战士才开始有计划地反攻。

人类和细菌，这一大一小的生物，一个自命不凡，连猴子都看不起；一个拥有广大群众，连昆虫都不敢与比。这俩时起冲突，时时在暗斗，所争的也不过为了食的问题罢了。

人类和细菌的争食，是不宣而战、不问而吃，彼此都看不见对方的行动，都摸不清对方的用意。

人类正在大嚼特嚼，细菌也在慢斟浅酌，同吃一块食物，一方把它一口吞进去了，一方却不声不响地混在那里面，继续吃着。

人是一些也不觉得，肚子里源源地来了一群又一群的小食客。一直到了肚子叫痛、身体发烧、头发昏，这才恐慌了。

细菌也是一些不觉得，直到强烈的胃酸浸透了它的隔膜，拥挤的肠腔闷杀了它的胞心，这才有些焦急了。

在这样的争食情形之下，双方都只好信赖着自然的斗争力量了。在这里，是细菌占了上风。它的生活简单，行动轻便，生殖飞快，更有那猛烈的毒素；人类却不知自爱，不知滋养元气，保全实力。所以争食的结果，往往是细菌得胜，人类病的病、死的死，大煞风景了。

争食争得这样凶，人类还不知道它的对头是细菌，而发出种种无理由的啰唆，说什么鬼、什么风、什么五行的相克之类脚不踏实地的鬼话。

幸亏科学先生的本事高强，17 世纪出了荷兰的列文虎克，发现了微生物；18 世纪出了意大利的斯巴兰让尼，首先打破了“自然发生说”；19 世纪出了法国的巴斯德，阐明了细菌和疾病的关系。20 世纪的人才更多，他们都和细菌大闹了一场，从此这小怪物的秘密渐渐浅露于人间了，传染病也一一失去它的神秘性了。我方既得到了细菌进攻的情报，就好研究对策，可以转败为胜了。

所以今日人菌之战，是人类占了优势，我们的战术日益精良，反攻胜利，这刁滑丑恶的倭菌有被消灭之望了。

然而，现世界人菌之战，若徒靠着少数科学将士的奋战，那力量仍是太薄弱了。我们要动员十七万万全体人类参战。我们目前的要务是对于战地上情形的认识，尤其是食物这战品。

人类的肚肠真是古往今来和细菌交战的第一号大战场。这战场似乎又是一条长长弯弯曲曲的运粮河。那么，食物在平时便是商船，运来不少的客货，客货里不免夹着态度不明的细菌，那些通常的商人旅客，它们的数量若不很多，那是没有什么危险性的。在非常时食船就变成军舰，载来了凶恶狰狞的病菌。押着毒货，那不久就要发生战事了。

婴儿呱呱坠地之时，他的小口是无菌口，那条战河是平静无事的。吃了母乳，就来了酸溜溜的乳酸杆菌，这是善良的细菌，能帮人守护肠子。吃了菜汁米粥，就来了发酵的丝菌、酵母菌及其他杂色的细菌，这也无妨。吃了大鱼大肉，就来了大肠属的杆菌及其他爱吃血和肉的细菌，这就有些危险了。不小心而吃了苍蝇脚下踏过的东西，这就真的不得了，有发生婴儿痢疾的恐怖了，这混进来的却是那一批专门谋害小儿性命的恶菌了。

大人怎样？不讲卫生的大人，他的胃汁即使十分强，他的吃法有时是太乱七八糟了，什么生冷隔塞的食品只管向口里塞，姑不说霍乱、伤寒、赤痢，这三大队毒菌兵马的可怕，就是肠炎杆菌、腊肠毒细菌之类的食物毒细菌的来攻，也够他肚子受罪的了。

所以，在这人菌大战的当儿，危机四伏，我们这条运粮河要戒备，口禁要森严，来往食船要盘问检查，不要随随便便地吃呀！

我们怎样的检查食船呢？

我们对于食物的来路、过程，就当加以严密的注意。

细菌和人所争的食物，也就是其他生物的尸身。它们在活着的时候，不是植物，便是动物，都是从农村来的东西。

农村的土壤和粪园又是细菌的第一家乡。

好了，那些食物它总不免要先尝一下了，有什么客气呢？

是青菜水果吧。那就有灰尘来栖、昆虫来啮、人手来摸，这些家伙都送来不少的细菌群，赠予那些果皮面上。使那菜叶是又皱又软，使那果皮是又粘又湿，都是细菌留恋的好地方呵。

据说，蒲菜每一克重，含菌的总量达二十五万；玉蜀黍每一粒粟，含菌之数高至十三万五千，有这样多的菌种在迅速地繁殖着，到了我们的厨房里，就大有可观了。

然而，这究竟不妨事，还可以洗。虽然洗之道也须讲究，若用不大干净的冷水洗，反而细菌越洗越多了，所以至少在最后一次要痛快地用开过的水洗它一场，洗之后又须揩得干干，不干的地方，这小东西又会飞快地蔓延起来的。

大鱼大肉怎样呢？那它们传染病的机会是更多了。动物的肉，在它活着的时候，若没有病痛，应该是无菌，但它一死，细菌就立刻分着数路来攻了。它的皮肤是有多方面的接触。它的胃肠又早已驻扎了无数万细菌的军队了。它从乡村到了小菜场，从屠宰所到了肉店，最后都到了厨房，在这曲折迂回的途中，不知受了多少人手、苍蝇和器物的沾染，不知遭了多少次细菌的拦路打劫。所以在未到热锅里以前，鱼肉上的细菌，是盛极一时了。

然而，细菌这小子在新到任的时期，都只在鱼肉菜叶的表面鬼鬼祟（suì）祟地游行，这时候那些食物仍呈现着健康的色味。厨子就拿去给他东家看，东家闻了一下，也说："这块肉果然还新鲜。"哪知道这新鲜是有绝短的时间性呀！

不久，这些在外头逡（qūn）巡的细菌就要侵入食物的内部了。这是必然的。这在植物，就由它的枝叶上的呼吸孔进去；在动物，就由皮肤和粘膜进去，节节攻陷一层层的组织、器官。而人眼看不见这些活动，直到酸了、臭了，已经溃烂不堪才发觉。然而没有酸或臭的东西，并非绝对没有病菌的存在呀，这有时是因为食物虽有了病菌还未到量变质的阶段呀！

所以，在今日，我们对于食物原料的卫生，有四件事是应该加以严密的注意的。哪四件？

（一）食物自乡村出发的时候，含有多少细菌？哪几种？

（二）到了小菜场、肉店之后，又有哪几种细菌来参加？

（三）将坏和已坏的食物，又是什么细菌在那里作怪？

（四）怎样保藏食物，施以卫生管理，使它在未到人口之前一路上太平？

这四件事是要卫生当局、细菌学者、兽医、主妇，及一切负有食物的责任的人，一致通力合作呵。

这一关一关的检查防护，有病菌嫌疑的，即不许放行，使病菌不得随便进吾口或深入吾内地，然后，这人菌争食之战，在人的方面，至少可以免去几分的危险了。

荤与素的论争

在酒楼上，在菜馆里，在贵人的饭厅，在穷人的食摊，在小菜场。在灶披间，在一起公共的食堂，在一切卖吃买吃的地方，尤其是在科学先生的宴席上，我们都可以听到荤与素这俩在争论、在暗斗。

荤是老大哥，肥大而壮硕。

素是小弟弟，瘦小而坚实。

在平时他们俩还可以合作，然而都是荤占了上座，素做了陪客。然而非素无以显荤的美，非荤无以增素之色。因此，这俩的感情还颇融洽。

在非常时，荤与素是仇怨，不两立，争吵起来，甚至于打架，打翻了几十瓶的醋瓮，又各自摆出种种的花样，想拍人家口腔的马屁。

有一回，来了一群和尚。荤恐慌了，急急地隐退。素却笑嘻嘻地上前欢迎。

和尚说："我们佛门有十戒，第一戒就是戒杀，戒杀生。虽然为方便起见，有时可吃荤边的菜。但那荤，那腥气的荤，我们总不去动它。素你过来，我们只许你进口、你畅销。我们要严厉地缉私，严防荤的偷运！"

素听了自然大喜，这是素的黄金时代。

荤躲在黑暗的小角落里，悻悻地不平，他想：

“这些和尚，真是糊涂，不明了自然界现象，不晓得生物学的真理。我和素万年前原是一家。自从分支之后，它变成了植物，我变成了动物。动物和植物同是有生命的东西，齐由一样的活细胞造成的。他们戒杀，就应当连素都不要吃。只有空气可以吃，然而在空气中也含有无数的微生物、微微生物。那么，他们是没有什么可以吃的了，还活着做什么？”

有一回，来了一位英国绅士。他是一个挺着肚皮的大胖子，吃肉的人。这一番却是荤扬扬得意的时候了。素悄悄地闪在一旁不作声。

那胖子说：“当然啰。我天天顿顿都得吃肉啰。肉的蛋白质是多么丰肥，多么浓厚，多么强有力；所以我们英国人也吃得那么强有力，那么丰肥，那么浓厚。狮子吃的是荤，所以有那么大的胆量和力气；黄牛吃的是草，所以羞怯而柔顺。

“在远古时代，肉不易得，所以那时的人多吃水果青菜，自从人类尝到了肉味，就很难放弃吃肉的权利了。且有一部分人，养成冒险的精神，不怕劳苦与艰险，深入森林中和野兽搏战。

“又有一部分人，行舟大海去捕鱼，愈行愈远鱼愈多，小鱼不见大鱼来，行得最远的要算是哥伦布先生了。他发现了新大陆，由是白种人都跟着他来，赶跑了美洲的红人，红人的水牛、火鸡都给白人抢去吃了。后来白人还侵吞了其余的地球。这是探险的成功，也就是吃肉人的成功。这世界还不是我们白人英人的世界，还不是我们吃肉的人的世界吗？唯有吃肉的人才有这本领。现在木屐人也在‘御料理’中多加些肉的成分，想学着英国和其他西洋狮子的吃法哩。”

这位胖子说了一大套。

荤听了很快活：“的确，在吃的世界里至今还是我称霸。”

素听了，老大地不高兴，频频摇着头：“白种人的强盛，也许是受了寒冷气候的刺激而灵动，也许是因为土地的狭小而不得不向外发展，这和吃肉未必有什么绝对的相干吧。

“你看，中国这老胖的国家，似乎满不在乎地任列强宰割。现在已经没有从前那么胖了，却还是那么文绉绉地不抗拒、不做自卫的准备。这也是因为中国人所吃的肉究竟不多吗？

“然而，据说中国是最讲究吃荤的国家，中国菜还被称为世界第一等的好菜。那么，中国的山珍海味、肥鸡肥鸭、大鱼大肉，都吃到哪里去了。怎么吃了这么久这么多的肉，怎么仍是死气沉沉地不会强盛起来、奋发起来？

“我晓得了，中国的肉，都装满了阔人贵人、汉奸傀儡的肚皮，又装满了他们豢养的娇妻美妾、走狗懒猪的肚皮。又只剩些烧饼油条、青菜豆腐给中国大众吃，又只剩些树皮树叶、草根草茎给灾区的难民吃。这样一说，大多数的中国人不都是吃素的吗？

“吃肉的阶段似乎也就是残酷的杀戮者，摆着大架子的统治者。

“吃素的大众也就是和平的驯服者，忍耐着的被压迫者。

“现在吃肉的那一党已把中国的河山零碎地拍卖了。而其收回的责任却摊落在这一群吃素的身上了。谁说吃素的人没有本领呀？”

素讲到这里，那位英国的绅士胖子又开口了：“譬如吧，中国是个农业国，这就是说中国的国民，天天赶着牛跑，在稻田麦田山下种栽秧，工作完了，就坐在家里听天由命等候着收成。因此，中国的人多半是闲着，眼光只看着自己的篱笆围墙内的纠纷，丝毫没有进取的能力、冒险的精神。这就是少吃肉的结果。又怎能怪得我们多吃肉的人来侵略呢？”

这时候，来了一位世界提倡素食会的会员，大声喊道：

“你这胖子，不要太看不起素食，太看不起农业国。你们吃荤的工业国，从哪儿得到了一大批一大批的原料呢？还不是仰给于农业国吗？你们难道能终生吃鱼吃肉不吃一块面包馒头吗？

“而且肉里面还伏着很大的危机哩。肉还是传染病的最好的媒介哩。在猪肉、牛肉里，说不定什么时候就伏着不少的病菌、不少的寄生虫，寄生虫之中有一种就叫旋毛虫，吃了就没有救的。不知道多少性命都为了吃那有病的肉而断送了。然而吃肉的人是往往不知道的，往往看不见肉有什么毛病来。”

荤的派和素的派这样纷纷地在争论，互相攻击彼此的弱点。

于是闹到了科学先生的宴席上。

这科学先生是一位营养专家，对于荤与素的内容有极精细的分析，就立起来演说。他说：

“公平地讲，就生理上的需要而论，兽肉的蛋白质是比一般水果、青菜、面粉之类容易消化的，消化得完全，完全为人身细胞所收用了。肉类的食品有 97% 可以消化，假使人身每天所需要的蛋白质为 100 克，菜类的食品只有 78% 至 85% 可以消化。吃菜的蛋白质要吃到 112 克至 129 克才行，吃肉的蛋白质到 100 克就够了。

“其次，人身是需要动物的蛋白质的。

“又其次，兽肉的蛋白质相比较好吃多了，合乎我们的胃口。（作者按：这位科学先生大概没有尝过功德林的素鸡、素鸭吧。）

“至于动物的肉不免时有病毒，然而卫生的管理严密，兽医的检验周到，也就不妨事了。

“至于吃肉会不会影响到民族的盛衰强弱，恐怕没有这样简单吧！世界的各民族都有轮到一番兴盛的时期，难道都因为吃多了肉吗？不过这20世纪的确是吃肉人的时代。

“不过，我还奉劝诸位爱吃肉的人们，不要吃得太多了。每天有一顿饭有肉吃就蛮够了。太多了会使肾的工作过劳，苦了它，对全身的健康也有碍呀！

“肉里面，以猪肉最为不肖，最容易混入小刺客。牛肉很好，因为它的铁质多。羊肉很容易消化，又有特别的滋味。鸡和鱼也是顶上等的。蛤蚌虾蟹之类不易消化，因为有那坚硬的肌肉。

“至于你们坚持素食的人，牛奶、鸡蛋、乳酪、奶油之类，不妨多吃些以调剂调剂。”

科学先生算是顾全了吃肉人的面子，替荤大哥说了不少的好话。然而，科学先生整天关在实验室里，得不到社会的经验，没有知道中国的大众，就想吃肉，也没得肉吃啊！只有，只有素的这一条路可走了！

科学童话

菌儿自传

一、我的名称

这篇文章是我老老实实的自述，请一位曾直接和我见过几面的人笔记出来的。

我自己不会写字，写出来，就是蚂蚁也看不见。

我也不曾说话，就是有一点声音，恐怕苍蝇也听不到。

那么，这位笔记的人，怎样接收我心里所要说的话呢？

那是暂时的一种秘密，恕我不公开吧。

闲话少讲，且说我为什么自称作菌儿。

我原想取名为微子，可惜中国的古人，已经用过了这名字，而且我嫌“子”字有点大人气，不如“儿”字谦卑。

自古中国的皇帝都称为天子。这明明要挟老天爷的声名架子，以号召群众，使小百姓们吓得不敢抬头。古来的圣贤名哲，又都好称为“子”，什么老子、庄子、孔子、孟子……真是“子”字未免太名贵了，太大模大样了，不如“儿”字来得小巧而逼真。

我的身躯，永远是那么幼小。人家由一粒细胞出身，能积成几千、几万、几万万。细胞变成一根青草，一把白菜，一株挂满绿叶的大树，或变成一条蚯蚓，一只蜜蜂，一头大狗、大牛，乃至于大象、大鲸，看得见，摸得着。我呢，也是由一粒细胞出身，虽然分得格外快、格外多，但只恨它们不争气、不团结，所以变来变去，总是那般一盘散沙似的，孤单单的，一颗一颗，又短又细又寒酸。惭愧惭愧，因此今日自命作菌儿。为“儿”的原因，是因为小。

至于“菌”字的来历，实在很复杂、很渺茫。屈原所作《离骚》中，有这么一句：“杂申椒与菌桂兮，岂维纫夫蕙茝。”这里的“菌”，是指一种香木。这位失意的屈先生，拿它来比喻贤者，以讽刺楚王。我的老祖宗，有没有那样清高、那样香气熏人，也无从查考。

不过，现代科学家都已承认，菌是生物中之一大类。菌族菌种，很多很杂，菌子菌孙，布满地球。你们人类所最熟识者，就是煮菜煮面所用的蘑菇、香蕈[1]之类，那些像小纸伞似的东西，黑圆圆的盖，硬短短的柄，实是我们菌族里的大汉。当心呀！勿因味美而忘毒，那大菌，有的很不好惹，会毒死你们贪吃的人呀。

至于我，我是菌族里最小最小、最轻最轻的一种。小得使你们肉眼，看得见灰尘的纷飞，看不见我们也夹在里面飘游。轻得我们好几十万挂在苍蝇脚下，它也不觉着重。真的，我比苍蝇的眼睛还小一千倍，比顶小一粒灰尘还轻一百倍哩[2]。

因此，自我的始祖，一直传到现在，在生物界中，混了这几千万年，没有人知道有我。大的生物，都没有看见过我，都不知道我的存在。

不知道也罢，我也乐得过着逍逍遥遥的生活，没有人来搅扰。

---

〔1〕 香蕈（xùn）：即香菇。

〔2〕 此句表述有误。在数学上，缩小、减少的降低不能用倍数来表示。作者的意思应为：是苍蝇的眼睛的千分之一，是灰尘的重量的百分之一。

天晓得，后来偏有一位异想天开的人，把我发现了，我的秘密就渐渐地泄露出来，从此多事了。

这消息一传到众人的耳朵里，大家都惊惶起来，觉得我比黑暗里的影子还可怕。然而始终没有和我正面会见过，仍然是莫名其妙，恐怖中总带着半疑半信的态度。

“什么微生虫？没有这回事，自己受了风，所以肚子痛了。”

“哪里有什么病虫？这都是心火上冲，所以头上脸上生出疖子、疔疮[1]来了。”

“寄生虫[2]就说有，也没有那么凑巧，就爬到人身上来，我看，你的病是湿气太重的缘故。”

这是我亲耳听见的三位中医对三位病人所说的话。我在旁暗暗地好笑。

他们的传统观念，病不是风生就是火起，不是火起就是水涌上来的，而不知冥冥之中还有我在把持活动。

因为冥冥之中，他们看不见我，所以又疑云疑雨地叫道：“有鬼，有鬼！有狐精，有妖怪！”

其实，哪里来的这些魔物，他们所指的，就是我，而我却不是鬼，不是狐精，也不是妖怪。我是真真正正、完完全全、明明白白的一种生物，一种最小最小的生物。

既是生物，为什么和人类结下这样深的大仇，天天害人生病，时时暗杀人命呢？

---

〔1〕疖（jiē）子，皮肤病的一种，症状是局部出现充血硬块，化脓，红肿，疼痛。疔（dīng）疮，又名疵（cī）疮，因其形小、根深，坚硬如钉状，故名。

〔2〕寄生虫：指寄生在别的生物体上的生物，是病原体，也是传播疾病的媒介。

说起来也话长，我真是有冤难申，在这一篇自述里面，当然要分辩个明白，那是后文，暂搁不提。

因为一般人，没有亲见过，关于我的身世，都是出于道听途说，传闻失真，对于我未免胡乱地称呼。

虫，虫，虫——寄生虫，病虫，微生虫，都有一个字不对。我根本就不是动物的分支，当不起“虫”字这尊号。

称我为寄生物，为微生物，好吗？太笼统了。配得起这两个名称的，又不止我这一种。

唤我作病毒吗？太没有生气了。我虽小，仍是有生命的啊。

病菌，对不对？那只是我的罪名，病并不是我的职业，只算是我非常时的行动，真是对不起。

是了，是了，微菌是了，细菌是了。那固然是我的正名，却有点科学绅士气，不合乎大众的口头语，而且还有点西洋气，把姓名都颠倒了。

菌是我的姓。我是菌中的一族，菌是植物中的一类。菌字，口之上有草，口之内有禾，十足地表现出植物中的植物。这是寄生植物的本色。

我是寄生植物中最小的儿子，所以自愿称作菌儿。以后你们如果有机缘和我见面，请不必大惊小怪，从容地和我打一个招呼，叫声菌儿，好吧。

二、我的籍贯

我们姓菌的这一族，多少总不能和植物脱离关系吧。

植物是有地方性的。这是因为气候的不齐。热带的树木移植到寒带去，多活不成。你们一见了芭蕉、椰子之面，就知道是从南方来的。荔枝、龙眼的籍贯是广东与福建，谁也不能否认。

我菌儿却是地球通，不论是地球上哪个角落里，只要有一些水汽和有机物，我就能生存。

我本是一个流浪者。

像西方的吉卜赛民族，流荡成性，到处为家。

像东方的游牧部落，逐着水草而搬移。

又像犹太人，没有了国家，散居异地谋生，都能各个繁荣起来，世界上大富之家，不多是他们的子孙吗?

这些人的籍贯，都很含混。

我又是大地上的清道夫[1]，替大自然清除腐物烂尸，全地球都是我工作的区域。

我随着空气的动荡而上升。有一回，我正在天空四千米之上飘游，忽而遇见一位满面都是胡子的科学家，驾着氢气球上来追

〔1〕 清道夫：旧指城市的清洁工。

寻我的踪迹。那时我身轻不能自主，被他收入一只玻璃瓶子里，带到他的实验室里去受罪了。

我又随着雨水的浸润而深入土中。但时时被大水所冲洗，洗到江河湖沼里面去了。那里的水，我真嫌太淡，不够味。往往不能得一饱。

犹幸我还抱着一个很大的希望：希望娘姨大姐、贫苦妇人把我连水挑上去淘米洗菜、洗碗洗锅，希望农夫工人、劳动大众把我一口气喝尽了，希望由各种不同的途径到人类的肚肠里。

人类的肚肠，是我的天堂，
在那儿，没有干焦冻饿的恐慌，
那儿只有吃不尽的食粮。

然而事情往往不如意料的美满，这也只好怪我自己太不识相了，不安分守己，饱暖之后，又肆意捣毁人家肚肠的墙壁，于是乱子就闹大了。那个人的肚子，觉着一阵阵的痛，就要吞服蓖（bì）麻油之类的泻药，或用灌肠的手法，不是油滑，便是稀散，使我立足不定，这么一泻，就泻出肛门之外了。

从此我又颠沛流离，如逃难的灾民一般，幸而不至于饿死，辗转又归到土壤了。

初回到土壤的时候，一时寻不到食物，就吸收一些空气里的氮气，以图暂饱。有时又把这些氮气，化成了硝酸盐[1]，直接和豆科之类的植物换取别的营养料。有时遇到了鸟兽或人的尸身，

〔1〕 硝酸盐：硝酸与金属反应形成的盐类。

那是我的大造化，够我几个月乃至几年享用了。

天晓得，20 世纪以来，美国的生物学者，渐渐注意了伏于土壤中的我。有一次，被他们掘起来，拿去化验了。

我在化验室里听他们谈论我的来历。

有些人就说，土壤是我的家乡。

有的以为我是水国里的居民。

有的认为我是空气中的浪子。

又有的称我是他们肚子里的老主顾。

各依各人的试验所得而报告。

其实，不但人类的肚子是我的大菜馆，人身上哪一块不干净，哪一块有裂痕伤口，哪一块便是我的酒楼茶店。一切生物的身体，不论是热血或冷血，也都是我求食借宿的地方。只要环境不太干、不太热，我都可以生存下去。

干莫过于沙漠，那里我是不愿去的。埃及古代帝王的尸体，之所以能保藏至今而不坏，也就因为我不能进去的缘故。干之外再加以防腐剂，我就万万不敢去了。

热到了 60℃以上，我就渐渐没有生气，一到了 100℃的沸点，我就没有生的希望了。我最喜欢是暖血动物的体温，那是在 37℃左右吧。

热带的区域，既潮湿，又温暖，所以我在那里最惬意、最恰当。因此又有人认为我的籍贯，大约是在热带吧。

世界各国人口的疾病和死亡率，据说以中国与印度为最高，于是众人的目光又都集中在我的身上了，以为我不是中国籍，便是印度籍。

最后，有一位欧洲的科学家站起来说，我应属于荷兰籍。

说这话的人以为，在 17 世纪以前，人类始终没有看见过我，而后来发现我的地方，却在荷兰代尔夫特市政府的一位看门老头子的家里。

这事情发生于 1675 年。

这位看门先生是制显微镜的能手。他所制的显微镜，都是单用一片镜头磨成，并不像现代的复式显微镜那么笨重而复杂，而他那些镜头的放大力，却也不弱于现代科学家所用的。我是亲尝过这些镜头的滋味的，所以知道得很清楚。

这老头儿，在空闲的时候，便找些小东西，如蚊子的眼睛、苍蝇的脑袋、臭虫的刺、跳蚤的脚、植物的种子，乃至于自己身上的皮屑之类，放在镜头下聚精会神地细看，那时我也夹杂在里面，有好几番都险些被他看出来了。

但是，不久，我终于被他发现了。

有一天，是雨天吧，我就在一小滴雨水里面游泳，谁想到这一滴雨水，就被他寻去放在显微镜下看了。

他看见了我在水中活动的影子，就惊奇起来，以为我是从天而降的小动物，他看了又看，发狂似的。

又有一次，他异想天开，把自己的齿垢刮下一点点来细看，这一看非同小可，我的原形都现于他的眼前了。原来我时时都伏在那齿缝里面，想分吃一点“入口货”，这一次是我的大不幸，竟被他捉住了，使我族几千万年以来的秘密，一朝泄露于人间。

我在显微镜底下，东跳西奔，没处藏身，他眼也看红了，我身也疲乏了，一层大大厚厚的水晶上，映出他那灼灼如火如电的目光，着实可怕。

后来他还将我画影图形，写了一封长长的信，报告给伦敦的英国皇家学会，不久消息就传遍了全欧洲，所以至今欧洲的人还有以为我是荷兰籍者。这是错以为发现我的地点就是我的发祥地。

老实说，我就是这边住住，那边逛逛；飘飘然而来，渺渺然而去，到处是家，行踪无定，因此籍贯实在有些决定不了。

然而我也不以此为憾。鲁迅的阿 Q，那种大模大样的乡下人籍贯尚且有些渺茫，何况我这小小的生物，素来不大为人们所注视，又哪里有记载可寻、历史可据呢！

不过，我既是造物主的作品之一，生物中的小玲珑，自然也有个根源，不是无中生有，半空中跳出来的，那么，我的籍贯，也许可从生物的起源这问题上，寻出端绪来吧。但这问题并不是一时所能解决的。

三、我的家庭生活

我正在水中浮沉，空中飘零，
听着欢腾腾一片生命的呼声，
欢腾腾赞美自然的歌声；
忽然飞起了一阵尘埃，
携着枪箭的人类陡然而来，
生物都如惊弓之鸟四散了。
逃得稍慢的都一一遭难了。
有的做了刀下之鬼，有的受了重伤，
有的做了终身的奴隶，有的饱了饥肠。
大地上遍满了呻吟挣扎的喊声，
一阵阵叫我不忍卒听尖锐的哀鸣。
我看到不平时落荒而走。

我因为短小精悍，容易逃过人眼，就悄悄地度过了好几万载，虽然在 17 世纪的临了，被发觉过一次，幸而当时欧洲的学者都当我是科学的小玩意，只在显微镜上瞪瞪眼，不认真追究我的性状，也就没有什么过不去的事了。

又挨过了两个世纪的辰光，法国出了一位怪学究，毫不客气地疑惑我是疾病的元凶，要彻底清查我的罪账。

无奈呀，我终于被囚了！

被囚入那无情的玻璃小塔了！

我看他那满面又粗又长的胡子，真是又惊又恨，自忖，这是我的末日到了。

也许因为我的种子繁多，不易杀尽；也许因为杀尽了我，断了线索，扫不清我的余党。于是他就暂养着我这可怜的薄命，在实验室的玻璃小塔里。

在玻璃小塔里，气候是和暖的，食物是源源地供给，有如许的便利，一向流浪惯了的我，也顿时觉着安定了。从初进塔门到如今，足足混了六十余年的光阴，因此这一段的生活，从好处着想，就说是我的家庭生活吧。

家庭生活是和流浪生活对立而言的。

然而，这玻璃小塔于我，仿佛也似笼之于鸟、瓶之于花，是牢狱的家庭。家庭的牢狱，有时竟是坟墓，真是上了科学先生的当。

虽说上当，毕竟还有一线光明在前面，也许人类和我的误会，就由这里进而谅解了。

把牢狱当作家庭，
把怨恨当成爱怜，
把误会化为同情，
对付人类只有这办法。

这玻璃小塔，是亮晶晶、透明的，一尘不染，强酸不化，烈火不攻，水泄不通，薄薄的玻璃造成的，只有塔顶那圆圆的天窗可以通气，又塞满了一口的棉花。

说也奇怪，这塔口的棉花塞，虽有无数细孔，气体可以来往自如，却像《封神榜》里的天罗地网、《三国演义》里的八阵图，任凭我有何等通天的本领，一冲进里面，就绊倒了，迷了路，逃不出去，所以看守我的人，是很放心的。

过惯了户外生活的我，对于实验室中的气温，本来觉着很舒适。但有时刚从人畜的身内游历一番，回来就嫌太冷了。

于是实验室里的人，又特别为我盖了一间暖房，那房中的温度和人的体温一样，门口装有一只按时计温的电表，表针一离了37℃的常轨，看守的人，就来拨拨动动，调理调理，总怕我受冷。

记得有一回，胡子科学先生的一个徒弟，带我下乡去考察，还要将这玻璃小塔，密密地包了，存入内衣的小袋里，用他的体温，温我的体，总怕我受冷。

科学先生给我预备的食粮，色样众多。大概他们试探我爱吃什么，就配了什么汤、什么膏，如牛心汤、羊脑汤、糖膏、血膏之类。还有一种海草，叫作琼脂[1]，是常用做底子的，那我是吃不动，摆着做样子，好看一些罢了。

他们又怕不合我的胃口，加了盐又加了酸，煮了又滤，滤了又煮，消毒了而又消毒，有时还掺入或红或蓝的颜料，真是处处周到。

我是著名的吃血的小霸王，但我嫌那生血的气焰太旺，死血

〔1〕 琼脂：这里指海藻。

的质地太硬，我最爱那半生半熟的血。于是实验室里的大司务[1]，又将那鲜红的血膏，放在不太热的热水里烫，烫成了美丽的巧克力色。这是我最精美的食品。

然而，不料，有一回，他们竟送来了一种又苦又辛的药汤给我吃了。这据说是为了要检查我身体的化学结构而预备的。那药汤是由各种单纯的、无机和有机的化合物，含有细胞所必须喝的十大元素配合而成。

那十大元素是一切生物细胞的共有物。

碳为主；

氢、氧、氮副之；

钾、钙、镁、铁又其次；

磷和硫居后。

我的无数种子里面，各有癖好，有的爱吃有机之碳，如蛋白质、淀粉之类；有的爱吃无机之碳，如二氧化碳、碳酸盐之类；有的爱吃阿莫尼亚之氮；有的爱吃亚硝酸盐之氮；有的爱吃硫；有的爱吃铁。于是科学先生各依所好，酌量增加或减少各元素的成分，因此那药汤，也就不大难吃了。

我的呼吸也有些特别。在平时固然尽量地吸收空气中的氧，有时却嫌它的刺激性太大，氧化力太强了，常常躲在低气压的角落里，暂避它的锋芒。所以黑暗潮湿的地方我最能繁殖，一件东西将要腐烂，都从底下烂起。又有时我竟完全拒绝氧的输入了，原因是我自己的细胞会从食料中抽取氧的成分，而且来得简便，在外面氧的压力下，反而不能活，生物中不需空气而能自力生存

---

〔1〕 司务：旧时对手艺匠人的尊称。这里指实验室的工作人员。

的，恐怕只有我这一种吧。

不幸，这又给饲养我的人，添上一件麻烦了。

我的食量无限大，一见了可吃的东西，就吃个不停，吃完了才罢休。一头大象或大鲸的尸身，若任我吃，不怕花去五年十载的工夫，也要吃得精光。大地上一切动植物的尸体，都是我这清道夫，给收拾干干净净了。

何况这小小玻璃之塔里的食粮，是极有限的。于是又忙坏了亲爱的科学先生，用白金丝，挑了我，搬来搬去，费去了不少的亮晶晶的玻璃小塔、不少的棉花、不少的汤和膏，三日一换，五日一移，只怕我绝食。

最后，他们想了一条妙计，请我到冰箱里去住了。受冰点的寒气的包围，我的细胞缩成了一小丸，没有消耗，也无须饮食，可经数月的饿而不死。这秘密，几时被他们探出了。

在冰箱里，像是我的冬眠。但这不按四时季节的冬眠，随着他们看守者的高兴，又不是出于我的自愿，他们省了财力，累我受了冻饿，这有些是科学的资本主义者的手段了。

我对于气候寒冷的感觉，和我的年纪也有关系，年纪愈轻愈怕冷，愈老愈不怕，这和人类的体气恰恰相反。

从前胡子科学先生和他的大徒弟们，都以为我有不老的精神，永生的力量：说我每二十分钟，就变做两个，八小时之后，就变成 16 000 000 个，二十四小时之后，也竟有 500 吨的重量了，岂不是不久就要占满全地球吗？

现在胡子先生已不在人世，他的徒子徒孙对于我的观感，有些不同了。

他们说：我的生活也可以分为少、壮、老三期，这是根据营养的盛衰、生殖的迟速、身材的大小、结构的繁简而定的。

最近，有人提出我的婚姻问题了。我这小小家庭里面，也有夫妻之别、男女之分吧？这问题，难倒科学先生了。有的说，我在无性的分裂生殖以外，还有有性的交合生殖。他们眼都看花了，意见还都不一致。我也不便直说了。

科学先生的苦心如此，我在他们的娇养之下，无忧无虑，不愁衣食，也“乐不思蜀”了。

但是，他们一翻了脸，要提我去审问，这家庭就宣告破产，而变成牢狱了，唉！

四、无情的火

我从踏进了玻璃小塔之后，初以为可以安然度日子了。

想不到，从白昼到黑夜又到了白昼，刚刚经过了二十四小时的拘留，我正吃得饱饱的，懒洋洋地躺在牛肉汁里，由它浸润着；忽然塔身震荡起来，一阵热风冲进塔中，天窗的棉花塞不见了，从屋顶吊下来一条又粗又长，明晃晃的、热烘烘的白金丝，丝端有一圈环，救生环似的，把我钩到塔外去了。

我真慌了。我看见那位好生面熟的科学先生，坐在那长长的黑漆的实验桌旁，五六个穿白衫的青年都围着看，一双双眼睛都盯着我。

他放下了玻璃小塔，提起了一片明净的玻璃片，片上已滴了一滴清水，就将右手握着那白金丝上的我，向这一滴水里一送，轻轻地大涂大搅，搅得我的身子乱转。

这一滴水就似是我的大游泳池，一刹那，那池水已自干了。于是我的大难临头了。

我看见那酒精灯上的青光，心里已扑通扑通地跳了。果然那狠心的科学先生一下子就把我往火焰上穿过了三次，使那冰凉的玻璃片，立时变成热烫热烫的火床了。我身上的油衣都脱化了，烧得我的细胞焦烂，死去活来，终于是晕倒不省“菌”事了。

据说，后来那位先生还洗我以酒，浸我以酸，毒我以碘汁，灌我以色汤，使我披上一层黑紫衣，又披上一件大红衣，都是为着便利于检查我的身体，认识我的形态，而发明了这些曲曲折折的手续。当时我是热昏了，全然不知不觉，一任他们摆弄就是了，又有什么法子想呢？

此后，每隔一天，乃至一星期，我就要被提出来拷问，来受火的苦刑。

火，无情的火，我一生痛苦的经验，多半都是由于和它碰头。

这又引起我早年的回忆了。

我本是逐着生冷的食物而流浪的。这在谈我的籍贯那一章已说得明明白白了。

在太古蛮荒的时代，人类都是茹毛饮血，茹的是生毛，饮的是冷血。那时口关的检查不太严，食道可以随意放行，我也自由自在、无阻无碍地跟着那些生生冷冷的鹿肉呀、羊心呀，到人类的肚肠去了。

自从传说中，不知第几任的中国帝王，那淘气的燧人氏，那钻木取火的燧人氏，教老百姓吃熟食以来，我的生计问题，曾经发生过一次极大的恐慌。

后来还亏这些老百姓不大认真，炒肉片吧，炒得半生半熟，也满不在乎地吃了。不然就是随随便便地连碗底都没有洗干净就去盛菜，或是留了好几天的菜，味都变了，还舍不得吃，这就给我一个“走私”“偷运”的好机会了。他们都看不出我仍在碗里活动。

热气腾腾的时候，我固然不敢走近；凉风一拂，我就来了。

虽然我最得力的助手，还是蝇大爷和蝇大娘。

我从肚肠里出来，就遇着蝇大爷。我紧紧地抱着他的腰，牢牢地握着他的脚。他嗡的一声飞到大菜间里去了。他扑地一下停落在一碗菜的上面，把身子一摇，把我抛下去了。我忍受着菜的热气，欢喜那菜的香味，又有的吃了。

我吃得很惶惑，抬起头来，听见一位牧师在自言自语：

“上帝呀，万有万能的主啊！你创造了亚当和夏娃，又创造了无数鸟兽鱼虫、花草木兰来陪伴他们，服侍他们。你的工作真是繁忙啊！你果真于六天之内都造成了这么多的生物吗？你真来得及吗？你第七天以后还有新的作品吗？……

“近来有些学者对于你怀疑了。怀疑有好些小动物都未必是由你的大手挥成。它们都可以自己从烂东西里，自然而然地产生出来。就如苍蝇、萤火虫、黄蜂、甲虫之流，乃至于小老鼠，都是如此产生。尤其是苍蝇，苍蝇这公子哥儿的确是自然而然地从茅厕坑里跳出来的啊！……”

我听了暗暗地好笑。

这是 17 世纪以前的事。那时的人，都还没有看见过蝇大娘的蛋，看见了也不知道是什么。

不久之后，在 1688 年的夏天，有一回，我跟着苍蝇大娘出游，游到了意大利一位生物学先生的书房里。她停落在一张铁纱网的面上，跳来跳去，四处探望。我闻到一阵阵的肉香，不见一块块的肉影。她更着急了，用那一只小脚乱踢，把我踢落到那铁纱网的下面去了。原来肉在这里！

这是这位生物学先生的巧计。防得了苍蝇，却防不了我。小苍蝇虽不见飞进去，而那一锅的肉却依旧酸了烂了。

从此，苍蝇的秘密被人类发觉了。为着生计问题，于是我更无孔不钻、无缝不入了。

我也不便屡次高攀苍蝇的贵体，这年头，专靠蝇大爷和蝇大娘谋食，是靠不住的啊！于是我也常常在空气中游荡，独自冒险远行以觅食。

有一回，是1745年的秋天吧，我到了爱尔兰，飞进了一位天主教神父的家里。他正在热烈的火焰上烧着一大瓶羊肉汤，我闻着羊肉气，心怦怦地动。又怕那热气温度太高，不敢就此下手。他煮好了，放在桌上，我刚要凑近，陡然的一下，那瓶口又给他紧紧密密地塞上了木塞子。我四周一看，还有个弯弯的大缝隙，就索性挤进去了。

初到肉汤的第一刻，我还嫌太热，一会儿就温和而凉爽了。一会儿，忽然又热起来了，那肉汤不停地乱滚，滚了好一个时辰，这才歇息了。我一上一下地翻腾，热得要死，往外一看，吓得我没命，原来那神父又在火焰上烧这瓶子了！烧了约莫快到一个钟头的光景。

我幸而没有被烧死，逃过了这火关，就痛快地大吃了一顿，把这一瓶清清的羊肉汤搅浑得不成样子了，仿佛是水中的乱云飞絮似的上下浮沉。那阔嘴的神父，看了又看，又挑了一滴放在显微镜下再看，看完之后，就大吹大擂起来了。他说：

“我已经烧尽了这瓶子里的生命，怎么又会变出这许多来了？这显然是微生物会从羊肉汤里自然而然地产生出来的呀！”

我听了又好气又好笑。

这样糊里糊涂地又过了二十四年。

到了1769年的冬天，从意大利又发出反对这种“自然发生学说”的呼声，这是一位秃头教士的声音。他说：

“那爱尔兰神父的实验不精到，塞子没有塞好，烧没有烧透，那木塞子是不中用的，那一个小时是不够用的。要塞，不如密不透风地把瓶口封住了。要烧，就非烧到一小时以上不可。要这样才……”

我听了这话，吃惊不小，叫苦连天。

一则有绝食的恐慌，二则有灭身的惨祸。

这是关于我的起源的大论战。教士与神父怒目，学者和教授切齿。他们起初都不能决定我出身何处？起家哪里？从不知道或腐或臭的肉啊菜啊，都是我吃饱了的成绩。他们却瞎说瞎猜，造出许多科学的谣言来，什么生长力呀，什么氧化作用呀，一大堆的论文，其实那黑暗的主动者就是我，都是我，只有我！

仿佛又像诸葛亮和周瑜定计破曹操似的，这些科学的军师，一个个的手掌心，都不约而同地写着“火”字。他们都用火来攻我，用火来打破这微生物的谜。

火，无情的火，真害我菌儿死得好苦也！

这乱子一直闹了一个世纪，一直闹到了 1864 年的春天，这才被那位著名的胡子科学先生的实验，完完全全地解决了。

说起来话长，这位胡子先生真有了不起的本事，真是细菌学军营里的姜子牙。我这里也不便细谈他的故事了。

单说有一天吧。这一天我飘到了他的实验室里了。他的实验室我是常光顾的。这一次却没有被请，而是我独立闲散地飞游而来了。

我看见满桌上排着二三十瓶透明的黄汤，有肉香，有甜味。那每一只的瓶颈，都像鹤的颈子一般，细细长长地弯了那么一大弯，又昂起头来。我禁不住地就从一只瓶口扬长地飞进去了。可是，到了瓶颈的半路，碰了玻璃之壁，又滑又腻的壁，费尽气力也爬不上去，真是苦了我，罢了罢了！

那胡子科学先生一天要跑来看几十次，看那瓶子里的黄汤仍是清清明明的，阳光把窗影射在上面，显得十二分可爱，他脸上现出一阵一阵的微笑。

这一着，他可把“自然发生说”的饭碗，完全打翻了。为的是我不得到里面去偷吃，那肉汤，无论什么汤，就不会坏，永远都不会坏了。

于是，他发狂似的，携着几十瓶的肉汤，到处寻我，到巴黎的大街上，到乡村的田地间，到天文台屋顶的空房里，到黑暗的地窖里，到了瑞士，爬上阿尔卑斯山的最高峰去寻我。他发现空气愈稀薄、灰尘愈少，我也愈稀、愈难寻。

寻我也罢，我不怪他。只恨他又拿我去放在瓶子里烧。最恨他烧我又一定要烧到 110℃、120℃，乃至 170℃；用高压力提高沸点来烧我，用干热来烧我，烧到了一个钟头还不肯止呢！

火，无情的火，是我最惨痛的回忆啊！

现在胡子先生虽已不见了，而我却被囚在这玻璃小塔里，历万劫而难逃，那塔顶的棉花网，就是他所想出的倒霉的法子。至于火的势力，哎哟！真是大大地蔓延起来了。

火，无情的火，实验室的火，医院的火，检疫处的火，到处都起了火。果真能灭亡了我吗？那至多也不过像秦始皇焚书一般的。

我的儿孙布满陆地、大海与天空。

毁灭了大地，毁灭了万物，才能毁灭我的菌群！

五、水国纪游

实验室的火要烧焦了我，快了。

我渴望着水来救济，期待着水来浸洗，我真做了庄周[1]所谓涸辙之鲋[2]了。

无情的火处处致我灼伤，有情的水杯杯使我留恋。世间唯水最多情！这话中国的灾民听了，同意吗？

“你看那滔天大水，使我们的田舍荡尽，水哪里还有情？”

这是因为从大禹以来，中国就没有个能治水的人，顺着水性去治，把江河泛滥的问题，一劳永逸地解决了。

中国的古人曾经写成了一部《水经》[3]，可惜我没有读过；但我料他一定把我这一门，水族里最繁盛的生物，遗漏了。我是深明水性的生物。

水，我似听见你不平的流声，我在昏睡中惊醒！

五月的东风，卷来了一层密密的黑云，遮满了太平洋的天空。我听见黄河的吼声、扬子江的怒声、珠江的喊声，齐奔大海，击

---

〔1〕 庄周：即庄子。

〔2〕 涸辙之鲋（fù）：水干了的车沟里的小鱼。比喻在困境中亟待援救的人。涸，干。辙，车轮碾过的痕迹。鲋，鲫鱼。

〔3〕 书名，汉桑钦编撰。但证以书中地理，编撰者实为三国时人。——作者注

破那翻天的白浪。

这万千的水声，洪大、悲壮、激昂，打动了我微弱的胞心，鼓起了我疲惫的鞭毛[1]，陡然地增长了我斗生的精神。

水，我对于你，有遥久深远的感情，我原是水国的居民。

水，你是光荣的血露、神圣的流体！

耶稣基督据说也曾受过你的洗礼。

地面上的万物都要被你所冲洗。

水，我爱你的浊，也爱你的清。

清水里，氧气充足，我虽饿肚皮，却能延长寿命。

浊水里，有那丰富的有机物，供我尽情地受用。

气候暖，腐物多，我就很快地繁殖。

气候冷，腐物少，也能安然地度日。

气候热，腐物不足，我吃得太快，那生命就很短促了。

水，什么水？是雨水。把我从飞雾浮尘，带到了山洪、溪涧、河流、沟壑。浮尘愈多，大雨一过，下界的水愈遍满了我的行踪。

我记起了阿比西尼亚[2]雨季的滂沱。法西斯头子墨索里尼[3]纵使并吞了阿国，也消灭不了那滂沱，更止不住我从土壤冲进了江河。

雨季连绵下去，雨水已经澄清了天空，扫净了大地，低洼处的我，虽不会再加多，有时反而被那后降的纯洁的雨水逐散了，然而大江小河，这时已浩浩荡荡满载着我，这将给饮食不慎的人

---

〔1〕 鞭毛，某些细菌菌体上具有细长而弯曲的丝状物，是细菌的运动器官。

〔2〕 阿比西尼亚：即现在北非的埃塞俄比亚。——作者注

〔3〕 墨索里尼：1922 年至 1943 年任意大利王国首相。他是第二次世界大战的元凶之一，法西斯主义的创始人。

群以相当的不安啊！

水，什么水？是雪水。我曾听到胡子科学先生得意扬扬地说过，山巅的积雪里寻不见我。我当然不到那寂寞荒凉的高峰去过活，但将化未化的美雪，仍然是我冬眠的好地方。

雪花飞舞的时候，碰见了不少的灰尘，我又早已伏在灰尘身上了。瑞典的京城，地处寒带而多山，日常饮用的水，都取自高出海面一百六十米的一个大湖。平时湖水还干净，阳春一发，雪块融化，拖泥带土而下，卫生当局派员来验，说一声“不好了”。我想，这又是因为我的活动吧！

水，什么水？是浅水，是山泽、池沼，及一切低地的蓄水。最深不到五尺[1]，又那么静寂不大流动。我偶尔随着垃圾堆进去，但那儿我是不大高兴住久的。那儿是蚊大爷的老家，却未必是我的安乐窝。

尤其是在大夏天，太阳的烈焰照耀得我全身发昏。我最怕的是那太阳中的紫外光，残酷的杀菌者。深不到五尺的死水，真是使我叫苦，没处藏身了。五尺以外的深水才可以暂避它的光芒。最好上面还挡着一层污物，挡住那太阳！

我又不喜那带点酸味的山泽的水，从瀑布冲来了山林间的腐木烂叶，浸成了木酸叶酸，太含有刺激性了。

如果这些浅水里，含有水鸟鱼鳖的腥气、人粪兽污的臭味，那又是我所欢迎的了。

水，什么水？是江河的水。江河的水满载着我的粮船，也满

〔1〕尺：长度单位。1 米等于 3 尺。

载着我的家眷。印度的恒河[1]就是一条著名的霍乱[2]河，法国的罗尼河[3]也曾是一条著名的伤寒[4]河，德国的易北河[5]又是一条历史的霍乱河，美国的伊利诺河[6]又是一条过去的伤寒河。霍乱和伤寒，还有痢疾[7]，是世界驰名的水疫，是由我的部下和人类暗斗而发生。其间，自有一段恶因果，这里且按下不表。

中国的江河，自然也不退班。大的不说，单说上海那一条乌七八糟的苏州河，年年春天夏天的时候，我天天率着眷属在那河水里洗澡，你们自己没有察觉罢了。

有人说，江河的水能自清。这是诅咒我的话意。不是骂我早点饿死，就是讥笑我要在河里自杀。我不自尽，江河的水怎么会清呢？

然而，在那样肥美的河肠江心里游来游去，好不快活，我又怎肯无端自杀，更何至于白白地饿死。

然而，毕竟河水是自清了。美国芝加哥大学有一位白发斑斑的老教授，曾在那高高的讲台上说过：当他在三十许壮年的时

〔1〕 恒河：印度北部大河，全长2506千米。

〔2〕 霍乱：一种以严重胃肠道症状为主的人和家畜共染的传染性疾病。以起病突然、大吐大泻、烦闷不舒为特征。

〔3〕 罗尼河：又名罗纳河，是欧洲最重要的航运水道之一。

〔4〕 伤寒：常见的传染病，在世界各地都曾发生，通常起源于食物或饮用水遭到污染。

〔5〕 易北河：中欧主要航运水道之一，全长1165千米，约三分之一流经捷克，三分之二流经德国。

〔6〕 伊利诺河：位于美国伊利诺伊州东北部。

〔7〕 痢疾：一种传染疾病，典型症状包括严重腹泻、发热等，一般由于致病菌或原生动物所引起，主要通过污染的食物或水传播。

候，初从巴黎游学回来，对于我极感兴趣，曾沿着伊利诺河的河边，检查我菌儿的行动。他在上游看见我是那样的神气，是那样的热闹，几乎每一滴河水里都围着一大群。到了下游，就渐渐地稀少了。到了欧地奥的桥边，我更没有精神了。他当时心下细思量，这真奇怪，这河里的微生物是怎样的没落去的呢？难道河水自己能杀菌吗？

河水于我，本有恩无仇。无奈河水里常常伏着两种坏东西，在威胁我的生存。它们也是微生物。我看它们是微生物界的捣乱分子，专门和我做对头。

一种比我大些，它们是动物界里的小弟弟。科学先生叫它们原虫[1]，恭维它们做虫的“原始宗亲”。我看它们倒是污水烂泥里的流氓强盗。最讨厌的是那鞭毛体的原虫。它的鞭毛，比我的又粗又大，也活动得厉害，只要那么一卷，便把我一口吞吃而消化了。

它的家庭建筑在我的坟墓上，我恨不恨！

一种体积是我的几千分之一，很自由地钻进我身子里，去胀破我那已经很紧的细胞，因此科学先生就唤它为噬菌体。你看它的名字就已明白是和我作对。它真是小鬼中的小鬼！

水，什么水？是湖水。静静的，平平的，明净如镜，树影蹲在那儿，白天为太阳哥拂尘，晚上给月姐儿洗面，没有船儿去搅它，没有风儿去动它，绝不起波纹。在这当儿，我也知道湖上没有什么好买卖，也就悄悄地沉到湖底归隐去了。

这时候，科学先生，在湖面寻不着我，在湖心也寻不出我，

---

〔1〕原虫：单细胞真核动物，体积微小而能独立完成生命活动。

于是他又夸奖那停着不动的湖水有自清的能力呀。

可是，游人一至，游船一开，在酣歌醉舞中，瓜皮与果壳乱抛，在载言载笑间，鼻涕和痰花四溅，那湖水的情形又不同了。

水，什么水？是泉水，是自流井的水，是地心喷出来的水。那水才是清。那儿我是不易走得近的。那儿有无数的石子砂砾绊住我的鞭毛，牵着我的荚膜[1]不放行。这一条是水国里最难通行的险路，有时我还冒着险前冲，但都半途落荒而逃了。

水，什么水？是海水。这是又咸又苦的盐水。咸鱼、咸肉、咸蛋、咸菜，凡是咸过了七分的东西，我就有些不肯吃，最适合我胃口的咸度，莫如血、泪、汗、尿，那些人身的水流，如今这海水是纯盐的苦水，我又怎会愿意喝？

不过，海底还是我的第一故乡，那儿有我的亲戚故旧，我曾受着海水几千万年的浸润。现在虽飘游四方，偶尔回到老家，对于故乡的风味，虽然咸了些，也有些流连不忍离去吧。

我在水里有时会发光。所以在海上行船的人，在黑夜里，不时望见那一望无阻的海面，放出一闪一闪的磷光，那里面也夹着一星一星我的微光。

我自从别了雨水，一路上弯弯曲曲，看见了不少的风光人物：不忍看那残花落叶在水中荡漾，又好笑那一群喜鸭在鼓掌大唱，不忍听那灾民的叫爹叫娘，又叹息那诗人的投江！

五月的东风，

吹来一片乌云，

---

〔1〕 荚膜：某些细菌在细胞壁外包围的一层黏液性物质，是细菌的特殊结构。

遮满太平洋的天空。

我到了大海，

观着江口河口的汹涌澎湃。

涌起了中国的怒潮！

冲倒了对岸的狂流！

击破了那翻天的白浪！

洗清了人类的大恨！

…… ……

看到这里，我想，那些大人争权夺利的大厮杀，和我这微生物小子有什么相干呢？

六、生计问题

游完了水国，我躺在海洋上，听那波涛的荡漾。仰看白云在飘游，我羡慕着它们的自由。

在海天一色的包围中，海风吹起浪花溅。浪花啊！它无力送我上云霄。那海水又太咸了，不中吃。我真觉着有些苦闷了。

我只得期待着鱼儿，它会鼓着鳃来吞我。鱼儿要被渔夫捕，我伏在鱼腹里，就有再到岸上的机缘了。到了岸上，我的生活就不致发生恐慌了。

我打算在厨子先生洗鱼肚的时候，一溜就溜到垃圾桶里去。在垃圾桶里，我跟生物社会的接触一多，谋食更不难了。

不幸而溜不过去，那就有混在生鱼粥里到广东人口中的希望了。总之，我先在那半生不熟的鱼身里偷活，再到那半臭半腥的人肚里寄生罢了。然而，我终于又厌倦了胃肠里的沉闷生活，痛快地随着大便而出来了。

经过曲曲折折的途径，不久，我和我的家人、亲友又都回到土壤的老家团聚。

这里我得补叙一下，在未到岸上之前，那海鱼肚子里的环境，于我有时是不利的，它的消化力太强了。

于是，我又曾趁着潮水的高涨，回到河肠江心，去央求淡水的鱼，顺便疏通了螃蟹、虾蛤、蚌螺之类人类所爱吃的水中生物，请它们帮忙提拔。它们也都答应了。当中，蚝似乎和我最有交情。它在污水里每小时一收一放的水量，竟有两升之多。我也就混在那污水里进去，它的螺壳就成为我临时的住宅了。

据说，岸上有很多人，因吃了没有煮熟的蚝，都得了伤寒病。那科学先生就又怪我了，说什么蚝之类的生物还是我暗杀人类的秘密机关呢。这我以后当然要申辩的，这里不便多啰唆了。

且说，我既从水国回到了土乡，天天又望见那时放异彩的浮云，好不逍遥自在，我渴望着和它交游。但那时地上仍是很湿，连我身上的鞭毛，都被泥土所粘，鼓舞不起来，更何能高飞远飏呢？虽有时攀着苍蝇的毛腿出游，那它又是低着头飞，至多也飞不上半里[1]路，就停下来一脚把我踢落在地上了。虽然在地上我是不愁衣食的。

然而我对于天空的幻想，又使我希望秋之来临了。那时天高气爽，尤其是在中国故都的北平[2]，和美国中部第一大城密执安湖[3]畔的芝加哥，这两个著名的“灰尘的都市”，一到了秋冬，就刮大风，将沙尘卷入天空，那时我就骑在沙尘身上而高翔了。风力益健，我竟直飘上青天四千米以上，那固然是罕有的事，我也真可以傲飞鸟而笑白云了。

记得19世纪初期，英国的年轻诗人雪莱[4]，曾唱着《西风之

---

〔1〕 里：1里等于500米。

〔2〕 北京1936年时称北平。下同。——作者注

〔3〕 密执安湖：即密歇根湖，北美五大湖之一。

〔4〕 雪莱：英国著名作家、浪漫主义诗人，著有《西风颂》等。

歌》[1]，他愿意做一瓣浪花、一片落叶、一朵白云，躺在西风里任它飘荡去，把他一切的思想、情感、希望都寄托着西风去散播了。我想，我这一次得上青天驾白云，也该感谢风爷的神力啊。

我正在这样想，忽然记起了一件伤心惨目的往事。那就是世界各地的旱灾。

旱灾一来，全生物界都起了恐慌。那时大地涨红了脸，甚至破裂，生物焦的焦死、饿的饿死，看不见点绿滴青，看见的尽是枯干瘦木，那原因半由于暴日的肆虐，半由于风爷的发狂。

那风爷也太发狂了，云和雨都被它吹散了，在大旱期间，连西风也不怀好意了。

前几年，我也曾亲见过中国西北那延绵三四年的旱灾，那时狂风忽然吹起漫天的尘沙，天地发昏，在烈日和饥渴的煎迫之下，成千上万的人死了。

有的人还以为地面上堆着这许多的尸体腐物，是我口福的大造化，我可以乘风四游，到处得食了。哪里知道当这大旱临头，我也万分焦急，我虽有坚实的芽孢[2]，可以在空气中苟延性命，也经不起热与干长期的压迫。地上的干粮虽堆积如山，没有一些水汽的浸润，我是吃不动的呀。君不见大沙漠中，哪有我的影踪。

我爱的是湿风，我怕的是热风。

我的小身子又是那样轻飘，我那一粒单细胞还不及一千兆分

〔1〕《西风之歌》：又译《西风颂》。

〔2〕 芽孢：某些细菌在生长发育后期，在细胞内形成的一个圆形或椭圆形的厚壁，含水量低，称为芽孢。

之一克重。我既上升，就不易下降，终日飘飘在天空。只有雨雪霜露方能使我再落尘间。罢了，罢了，在大旱天我是受着风爷的欺骗了。

我凄凉地度过了冰雪的冬天，到了春风和畅的季节，下界雨量充足，草木茂盛，虫鸟交鸣，生物都欣欣然有喜色。那时，我早已暗恨着天空的贫乏、白云的无聊，思恋着地上的丰饶。于是那善变的风爷又改换了方向来招我下凡了。

我别了白云，下了高山，随着风爷到农村。农村上遍地花红叶绿，我逢花采花，逢叶摘叶，凡是吃得动的植物，无所不吃。这也是因为植物间的气候、植物的体温和当时空气的温度相去不远，我又新从天空来的，当然先以它们的身上为合宜的寄食之所了。

我尤喜那似胶似漆富有黏液的果皮瓜皮，那潮湿而有皱痕的菜叶菜管，它们都是我的天然宿舍、旅馆。我的家人、亲朋成亿成兆地在这儿过活。

据美国农业部化学局最近的调查，他们代我估计一下，在那含有铁质最高的蒲菜〔1〕身上，每一克的分量里面，就有我菌儿二十五万在迅速地生殖着。这不是一个很惊人的数目吗？

我随着风爷而飘游，走遍了五大洲，世界的农村都到过了。小的植物不用说，那我是都光顾到了的。就是抵抗力强盛的大松大柏，它们的风味，我也都一一领略过了。算得出的，在有花植物之部，我曾吃过了 66 科 150 目。在隐花植物〔2〕之部，就记不

〔1〕 蒲菜：俗称草芽，是香蒲的嫩茎。蒲菜入菜在我国已有两千多年历史。

〔2〕 隐花植物：一般根据花的有无将植物分为两大类，无花的植物总称为隐花植物，如地衣、苔藓、蕨类植物等。

清了。

不过，植物之遭我暗算，人类是从来不知道的，以为是它们自己内部的溃烂，或专去骂昆虫那些小妖物的恶作剧。

谁知道，有一回，我在法国南部的田园里，大啖葡萄的时候，又被那位多疑的胡子科学先生发觉了。从此，他的徒弟徒孙们，就加紧地研究我和植物种种不正常的关系，宣布了我的罪状。于是农民们就痛恨我，说我太不讲情理了，破坏他们的农作物，用药用火，千方百计来歼灭我。这真是冤枉。我也是为着生计问题所迫而来呀！吃的都是大自然所分赠的食物呀！它们又没有注定给人类——这生物的特殊阶级——单独地享用呀！

我在生物界中要算是最不安定的分子了。四方飘游，到处奔流，无非为着自由而努力，为着生活而奋斗。浮大海，吃不惯海水的咸味；居人肚，闷不过小肠的束缚；返土壤，受不住地方的限制；飘上天空，又嫌那天空太空虚了。历尽水旱的苦辛，结识了鱼儿和风爷，最后到了农村，那儿食粮充足，行动比较自由，我自认为是乐土了。难料那自私自利的人类，忽来从中作梗，从此我将永远不得安宁了，唉！

七、呼吸道的探险

我在乡村的田园上，仍然过着颠沛流离的生活，处处靠着灰尘的提携。

那灰尘真像是我的航空母舰，上面载着不少的游伴。

这些游伴的分子也太复杂了。矿、植、动三大界都有，连我菌物也在内，一共是四色。

矿物之界，有煤烟的炭灰，有火山的碎片，有海浪的盐花，有陨星的碎粒，还有各色矿石的散沙，都随着大风而远飏。

植物之界，有花蕊、花球的纷飞，有棉絮、柳丝的飘舞，有种子、芽孢、苔藻、淀粉、麦片以及各式各样的植物细胞的乱奔狂突。

动物之界，有皮屑、毛发、鸟羽、蝉翼、虫卵、蛹壳以及动物身上一切破碎零星的组织的东颠西扑。

菌物之界，有一丝一丝的霉菌[1]，有圆胖圆胖的酵母[2]，在空中荡来荡去。最后就是我菌儿这一群了。

这是灰尘的大观。这之间以我族最为活跃。我在灰尘中，算

〔1〕 霉菌：丝状真菌的俗称，即发霉的真菌。

〔2〕 酵母：一种肉眼看不见的单细胞微生物，分布于整个自然界，是天然的发酵剂。

是身子最轻，我活动的范围也最广了。

这些风尘仆仆中的杂色分子，又像是一群流浪儿，一群迷途的羔羊。

我紧牵着这一群流浪儿的手，在天空中奔逐，到处横冲直撞，不顾一切利害。

记得有一回，还是在洪荒时代吧，我正在黑夜的森林中飞游，忽然碰了一个响壁，原来是蝙蝠的鼻子。我在暗中摸索，堕进了它鼻孔的深渊，觉得很柔滑、很温暖。但不久，被它强有力的呼吸一喷，就打了几个筋斗出来了。

后来，我冲进它的鼻孔里去的机会愈来愈多了。然而，它这一类动物，呼吸道的抵抗力颇强，颇不容易攻陷，它的扁桃腺也发育得不大完全。

扁桃腺这东西是淋巴组织的结合，淋巴腺之一大种。在腭部有腭扁桃腺，在咽喉间有咽扁桃腺，在小脑上有小脑扁桃腺。如此之类的扁桃腺，自我闯入动物体内之后，都曾一一碰到了。

动物体内之有淋巴组织是具有抵抗作用的。淋巴细胞也就是抗敌的细胞，是白血球[1]之一种。所以淋巴这草黄色的流液，实富有排除外物的力量，我往往为它所驱逐而逃亡。

那么，扁桃腺就是淋巴组织最高的建筑物，就是动物身内抗菌的大堡垒了。当我初从鼻孔或口腔进到舌上喉间的时候，真是望之而生畏。

后来走熟了这两条路，看出了扁桃腺的破绽与弱点。原来它

---

〔1〕 白血球：一类无色、球形、有核的血细胞，是人体与疾病斗争的“卫士”。当病菌侵入人体时，白细胞能通过变形而穿过毛细血管壁，集中到病菌入侵部位，将病菌包围、吞噬。

的里外虽有很多抗敌的细胞把守，它的四周空隙深凹之处可真不少，那里的空气不甚流通，来来往往的食货污物又好在此地集中，留下不少的渣滓，反而成为我藏身避难的好所在了。

我就在这儿养精蓄锐，到了有机可乘时，一战而占领了扁桃腺，作为攻身的根据地了。于是那动物扁桃腺就发炎了。

这在人类就非常着急！认为扁桃腺在人身上有反动的阴谋，和盲肠是一样的下贱东西，无用而有害，非早点割弃它不可。

其实人身的扁桃腺及其他淋巴腺愈发达，尤其是呼吸道的淋巴腺愈发达，愈足以表现出人菌战争之烈。

人若得胜，淋巴腺则是防菌的堡垒；我若得胜，这堡垒则变成我的势力区了。

淋巴腺，在动物的进化过程中，还是比较新的东西。这是由于我的长期侵略，它们的积极抵抗，相持既久，它们体内就突然发生了这种防身的组织。

我生平对于冷血动物素以冷眼看待，不似对于热血动物那般的热情，所以我在它们体内游历的时候，也没有见过有什么淋巴腺、扁桃腺之类的组织，这是因为我很少侵略它们的内部器官，我不过常拿它们的躯壳当做过渡时期的驻屯所罢了。有时还利用它们作为我投奔高等动物身内的天梯或桥梁哩。这之间，就以昆虫之类最肯帮我的忙，尤以苍蝇、蚊子、臭虫、跳蚤、身虱、八角虱之流，这些人类所深恶的东西，更喜欢和我密切合作，这是后话。不过，我如想从鼻孔进攻人兽之身，那还须靠灰尘的牵引。

我曾经游遍了普天下动物的身体，只见到鸟类和哺乳类才有淋巴腺、扁桃腺之类的抗敌组织，而以哺乳类的淋巴腺为最发达。到了人，这淋巴腺的交通网更繁密了。人原是可以得很多病的动物。淋巴腺在进化途中实是传染病的一种纪念碑。

高空的飞鸟绝不会得肺痨[1]病，它们常吸新鲜的空气，它们的呼吸道里我是不大容易驻足的，因此，这条道上的淋巴腺也没有它们消化道的肠膜下的淋巴腺那样多。

肺痨病虽有鸟、牛、人之分，而关系鸟的部分受害者也只限于鸡鸭之群，人类篱下的囚徒罢了。于是它们呼吸道里的淋巴腺，是比飞鸟的增加了。

至于蝙蝠这夜游的动物，好在檐下或树林间盘旋飞舞，我自从那一回碰到了它的鼻子之后，就渐渐地熟悉了它的呼吸道上的情形。我见它当初也没有什么扁桃腺，后来为了对付我而新添了这件隆起的东西。

由此可见，我和动物的呼吸道发生了关系之后，扁桃腺及其他淋巴腺所处地位的崇高而重要了。所以，我在这一章的自传里，特地先记述它们。它们的发生是由于我的刺激，我的行动又以它们为路碑，我和它们的关系是多么密切啊。

我冲进鸟兽和人的鼻孔的机会固然很多，虽然这也要看灰尘的多寡，鸟兽之群及人口的密度如何。

高阔的天空不如山林的草原，农村的广场不如都市的大街，公园不如戏院，贵人的公馆不如十几个人窝在黑暗一间的棚户。总之，人烟愈稠密，人群愈拥挤，我从空中到鼻子，从鼻子又到别的鼻子的机会也愈多了。

我在乡村的田园上飞游之时，生活过于空虚，颇为失意。于是，就趁着乡下人挑担上城的时候，我就附着他的身上，到这浮

〔1〕肺痨：即肺结核。

尘的都市观光来了。

在都市的热闹场所，我的生意极其兴隆。这儿不但有灰尘带我飞扬，还有痰花口沫的飞溅而助我传播。

从此，呼吸道上总少不了我的影子。这条入肺的孔道，我是走得烂熟了。它的门户又是永远开放的。

虽然婴儿初离母胎的当儿，他的鼻孔和口腔以内，是绝对没有我的踪迹。但经过了数小时之后，我就从空气中一批一批地移民来此垦殖了。

我的移民政策是以呼吸道的形势与生理上的情形来决定的。要看那块地方，气候的寒暖如何、湿度如何，黏膜上有无隙缝深凹之处，氧气的供给是否太多，组织和分泌汁的反应是酸是碱抑或中间性，细胞胞衣上的纤毛，它们的活动力是否太强烈了。须等到这些条件都适合于我的生活需要了，然后这曲折蜿蜒海岸线似的呼吸道，才有我立身插足之地啊！

此外，还有临时发生的事件，也足以助长我的势力。如食货和外物的停积，是加厚了我的食粮；如黏膜受伤而破裂，是便利了我的进攻，更有那不幸的矿工，整天呼吸着矽（xī）灰，他的肺瓣是硬化了，变成了矽肺[1]，这矽肺是我所最喜盘踞的地方。我家里那个最不怕干的孩子，人们叫它痨病菌的，便是常在这矽肺上生长繁殖，于是科学先生就说，矽肺乃是肺痨病的一种前因。这是矿工受了工作环境的压迫，没有得到卫生的保障，人必先糟蹋了自己的身体，尔后我才有机可乘，这不能专怪我的无情吧。

〔1〕 矽肺：又称硅肺，是由于长期吸入大量游离二氧化硅粉尘所引起，以肺部广泛的结节性纤维化为主的疾病。

在十分柔滑而又崎岖不平的呼吸道上，我的行进有时是有如许的顺利，而有时又甚艰险了。因此，我这一群里，有的看呼吸道如“天府之国”，有久居之意；有的又把它当作牢狱似的，一进去就巴不得快快地出来；又有的则认为是临时的旅舍，可以来去无定。这样地，终主人的一生，他的呼吸道上，我的形影是从不会离开的。

这呼吸道又很像一座自由港，灰尘的船只可以随意抛锚。就我历次经验所知，这条曲曲折折的自由港又可分为里中外三大湾。

里湾以肺为界岸，出去就是支气管，而气管，而喉。中湾介于口腔与鼻洞之间，是呼吸道和食道的三岔路口，是入肺入胃必经的要隘，隆肿的扁桃腺就在这里出现，这一湾的地名就叫作口咽。口咽之上为鼻咽，那儿是外湾的起点。鼻咽之前就是纡曲的鼻洞，分为两道直通于外。

纡曲的鼻洞，我是不大容易居留的，那里时有大风出入，鼻息如雷，有时鼻涕像瀑布一般滚滚而流，冲我出来了。所以在平时，鼻洞里的我大都是新从空气游来的，而且数目也较少。我本是风尘的游客，哪配久恋鼻乡呢？何况前面还有森严的鼻毛，挡住我的去路啊！

可是，鼻洞里的气候时时在转变着，寒暖无常，有时会使鼻禁松弛了，我也就不妨冒险一冲，到鼻咽里来了。

在鼻咽里，我是较易于活动，而能迅速地繁殖着。但我的繁荣，究竟是受了当地食粮的限制，于是我不得不学成侵略者的手段了。这我也是为着生计所迫，而不能不和鼻咽以内的细胞组织斗争啊！

所以，到了鼻咽以后，我的性格就不似从前在空中时那样的浪漫与无聊，真变得泼辣勇猛多了。

由鼻咽到口咽，一路上准备着厮杀，准备着进攻。我望见那红光满目的扁桃腺，又瞥见那一开一合的大口，送进一闪一闪的光明，光明带来了许多新鲜的空气。我在这歧路上徘徊观望，逡巡[1]不敢前进。久而久之，习惯使我胆壮，我就在口咽的上下、扁桃腺的四周埋伏，等候着乘机起事。所以在人身，我的菌众与种类，除了盲肠的左右以外，要算以咽喉之间为最多了。

我在呼吸道上进攻的目的地，当然是肺。

那儿有吃不尽的血粮，
那儿有最广阔的地场，
肺尖又脆肺瓣又弱，
我可以长期地繁殖着，
但我在未达到肺腑前，
要尝尽千辛万苦；
一越过了软骨的音带，
突然就遇着诸种危害：
四围的细胞会鼓起纤毛来扫荡我，
两旁的黏膜会流出黏液来牵绊我，
喷嚏、咳嗽、说话，与呼吸又来驱逐我，
沿途的淋巴腺满布着白血球突来捕捉我。

我真是无可奈何了。所以在天气好的日子，从咽喉到肺这一

〔1〕逡（qūn）巡：有所顾虑而徘徊或不敢前进。

条深港是平静无事的，我就偶尔跌进里头去，也没敢多流连呀！

一旦云天变色，气候骤寒，呼吸道上忽然遇着冷风的袭击，我一得了情报，马上就在扁桃腺前，召集所有预伏的菌兵菌将，会师出发，往着肺门进攻。

那时，全咽喉都震撼了。

八、肺港之役

肺港之役是我的优胜纪录，是我生平最值得纪念的一件轰轰烈烈的大事，是我进攻呼吸道的大胜利。在这胜利的过程中，我几乎征服了全人类，全生物界为之震惊。

虽然在这之前，我还有许多其他伟大的战绩，但都因布置不周，我作战的秘密，一一都为科学先生所揭穿了。如 14 世纪横行欧洲的大鼠疫，就是我利用了家鼠与跳蚤攻人皮肤的大胜。如扫荡全世界六次的大水疫，就是我勾结苍蝇与粪水攻人肚肠的大胜。谁知道自 19 世纪末期以来，科学先生发明了抵抗我军的战略，从此卫生先进的国家都很严密地防范我，我哪里再敢从这两条战线上大规模地进攻人类呢？鼠疫和水疫打得人类如落花流水，也是我两番光荣的胜利啊，在以后还要详细地追述，这里不过提一提罢了。

至于肺港之役，是我出奇兵以制胜人类，使聪明的人类摸不着防御我的法门，而甘拜下风呀。

自那位胡子科学先生提出了抗菌的口号以来，他的徒子徒孙等相继而起，用着种种奸巧的计策，在各种传染病的病人身上，到处逮捕我。1874 年，我有一个淘气的孩子，在麻风病人的身上细嚼他的烂皮肉的时候，突然被一位科学先生捕捉了去，此后二十五年间，欧洲各处实验室里高燃着无情之火，正是捕菌运动最紧张的时期，我的家人亲友被囚入玻璃小塔里的真是不计其数。他们（指实验室里的工作人员）用严刑来拷问我，用种种异术来威胁我，灌我以药汤，浸我以酸汁，染我以颜料，蒸我以热气，无非要迫我现出原形于显微镜之下。

更有所谓传染病的三原则，是一位著名的德国医生所提出的，他们都拿来作为我犯罪的标准。假如，据他们实验观察的结果，我和某种传染病的关系都符合下面所举的三原则，就判定我的罪状，加我以某种传染病的罪名。我菌儿这一群，平时大家都在一起共同生活，有血大家喝，有肉大家吃，不分彼此，不立门户，也不必标新立异地各起名称，大家都是菌儿，都叫作菌儿罢了。这是这一篇自传里我的一贯的主张。而今不幸，多事的科学先生却偏要强将我这一群分门别类，加上许多怪名称，呼唤起来，反而使我觉着怪麻烦的。何况像我这样多样而又善变的生活方式，若都一一追究出来，我的种类又岂止几千种。这便在命名上不免发生纠纷，成问题了。

闲话少讲。先谈谈这传染病的三原则吧。

我常听到科学先生说，每一种特殊的传染病，一定都有一种特殊的病菌在作祟，所以他们要认清病菌，寻出正凶，而后才可以下手防御，发出总攻击令，不然则打倒的若不是凶手，凶手却仍在放毒杀人，病仍是不会好的啊。他们似乎又在讲正义了，并不盲目地加害于我的全体。

那么，传染病的凶手是怎样判定的呢？这要看他们如何检查我那个特殊的淘气孩子的行动了。

他们的第一条原则是：要在每一个得了这特殊的传染病的病

者身上，捉到我这行凶的孩子，而且它就捕的地点也应该就是行凶的地点。这就是说，若在其他不相干的地方抓到它，而真正的伤口上反而不能寻获，那证据就有些靠不住了。我这一群来来往往在人身做“过客”的很多很多，自然不可以随意指出一个说它是凶手。要在出事的地点常常发现的才是嫌疑犯。

第二个原则是：这凶手要活生生地捉到，并且把它关在玻璃小塔里面，还能养活它，并且还会一代一代地传种传下去，别的菌种都不许混进来，以免有所假冒，以免鱼目混珠，要永远保持那凶手的单独性。若凶手早已死去，或因绝食而自毙，则它的犯罪的情形将何从考证？它的真相将何以剖明？

假定凶手是活擒到了，它也能在外界继续地生长，独囚一室，不和异种相混，然而也不能就此判定它是这病的主犯，有时也许是抓错了，也许它不过是帮凶而已，而正凶反而逃脱。怎么办呢？那就要用第三条原则来决定了。

第三条原则就是动物实验。拿弱小的动物作为牺牲品，把那有嫌疑的菌犯注射进这些小动物的体内去，如果它们也发生了同样的病状，那就是这特殊传染病的正凶之铁证，不能再狡赖了。

我在旁听了之后，不禁叹服这位科学先生的神明，他能这样精巧地定计破贼，真是科学公堂上的包拯啊！然而，这使我为着那一批专和人类作对的蛮孩子担心了。

科学先生的狡计虽然厉害，我攻人的计划几乎一一都为他们所破坏了。但是，强中还有强中手，我家里有三个小英雄，就不为他们的严刑所恫吓，就不受这传染病的三原则所审理。肺港之役，我连战皆捷，就是这三位小英雄安排好的巧计，真是难倒了科学先生，他们至今还没有法子可以破除。

这三位我的小英雄，科学先生已曾给它们起了传染病的罪名了。

第一名，他们说它是猩红热的正凶，叫它溶血链球菌。

第二名，他们说它是肺炎的主犯，称它肺炎双球菌。

第三名，他们说它是流行性感冒的祸首，唤它流行性感冒杆菌。

他们当然是根据传染病的三原则而命名的。然而，我的这三个孩子的行动并不是这么单纯。它们犯案累累，性质又未必皆相同。如第一名，不仅使人发生猩红热，什么扁桃腺炎、丹毒、产褥热、蜂窝组织炎之类的疾病，也都是由它而起。我这里所谈的肺港事件，就与它有密切的关系。……总之，这三位小英雄在侵略人体时，都是随机应变，它们的生活是多方面的。可见这些科学的命名也免不了有些附会牵强了。我们切不可认真，认真了就有以名害实的危险啊。在我的自传里，提起孩子的名称这还是第一遭，所以特地声明一下。

我这三位小英雄，都是最爱吃血的微生物。为了要吃血，它们奋不顾身地往肺港里冲。它们恐怕遭敌人的暗算，所以常是前呼后应地结成联合阵线，胜则同进，败则同退，不但白血球应接不暇，就是科学先生前来缉凶的时候也迷惑了，弄不清楚哪一个是真正的凶手。

当我在扁桃腺前会师出发，往着肺门进攻的时候，一路上遇到不少的挫折，我的其他孩子们都在半途战死，独有这三位小英雄，在这肺港里横冲直撞，所向无敌。

肺港是一个曲折的深渊，前半段，从咽喉的门户到肺叶的边界，是呼吸道的里湾，肺叶以内分为无数肺泡，这些肺泡便是呼吸道的终点。

我进了肺港之后，若不遇到阻挡，就一直往下滚，滚过了支气管，然后是小支气管，再后是最小支气管。它们像树枝一般渐渐地小下去，渐渐地展开，我也顺着那树枝的形状快快地蔓延开来。一进了肺叶，那管口愈分愈细了。穿过了一段甬道似的肺泡小管，便是空气洞，再进则为空气房，合空气洞与空气房便是一个肺泡。新旧的空气就在这儿交换。所以我在途中前后都有大风，冷风推我前进，热风迫我后退。

在肺泡的壁上，满布着血川的支流。心房如大海，血管似江河，血川就算是微血管的化名了。在这儿，我看见污血和新血的交流，我看见血球在跳跃，血水在汹涌澎湃，我细胞的饿火燃烧起来了。

全肺所有肺泡的面积，胀得满满的时候，约有九十平方米，这比全皮肤的面积还大了一百倍。因此在这儿，血川的流域甚广甚长，况且肺泡的墙壁又是那么薄弱，那壁上细胞的纤毛这儿又都已不见了。到了这里，血川是极容易攻陷的，我的吃血是便当的事了。

为了吃血的便当，我这三个爱吃血的孩子就常常深入肺泡，强占肺房，放毒纵兵，轰炸细胞，冲破血管，与白血球恶战，与抗毒体肉搏，闹得人肺发硬作病流血出脓，进而演成人身的三大病变——伤风、流行性感冒、支气管肺炎——一次比一次紧张，一回较一回危急。

伤风是我的小胜，流行性感冒是我的大胜，支气管肺炎是我的全胜。

在人生的旅途中，谁没得过几次或轻或重的伤风呢？在流行性感冒大流行的时期，三人行必有一人被传染，尤其是在1918年至1919年那一次，全世界都发生了流行性感冒的恐慌，我的声势之大真是亘古所未有，几个月之间，人类之被害者，比欧战[1]四年死亡的总数还要多。至于支气管肺炎，那更是人人所难逃免的病劫。人到临终的前夕，他的肺异常虚弱，我的菌众竞来争食，因而他的最后一次的呼吸，往往是被支气管肺炎所割断了。这可见我在肺港之役的胜利，是一个伟大而普遍的胜利。人类是无可奈何了。

伤风是人类司空见惯的病了，多不以为意。流行性感冒，你们中国人有时叫它重伤风。那支气管炎也就可以说是伤风达到最严重的阶段了。他们都只怪风爷的不好、空气的腐败，却哪里知道有我，有我这三个在肺港里称霸的孩子在侵害。

我这三个孩子当中，尤以那被称为流行性感冒杆菌的最为英勇。它在肺港之役是我的开路先锋。它先冲进肺泡里，到了血川之旁去散毒。它并不直接杀人，也不到血液里去游泳，而它的毒素不尽地流到血液里，会使人身的抵抗力减弱。它却留着刽子手的勾当，给我那后来的两个孩子做。

于是，在伤风病人的鼻咽里，科学先生最常发现它；在流行性感冒病人的痰里，仍常寻得见它，在支气管炎病人的血脓里，则寻见的不是它，只剩下我那两个孩子——肺炎双球菌和溶血链球菌了。

所以，伤风不会杀人，流行性感冒也不会杀人，然而它们却往往造成了杀人的局势，而把死刑的执行交给支气管肺炎了。

---

〔1〕欧战：1914年到1918年发生在欧洲列强间的战争，史称第一次世界大战。

科学先生当初以为我那孩子是流行性感冒唯一的凶手，因此加它以这样一个沉重的罪名。后来因为它的罪证并不完全，在传染病的三原则上很难通过，就减轻了它的罪，判它为流行性感冒的第二凶手，而把第一凶手的嫌疑，疑惑到比我还要小许多的微生物，所谓超显微镜的生物[1]之类的身上了。

科学先生感到这肺港里的三大病变的复杂性了。这使他们的免疫苗的防御不中用，血清的抵抗不见效，预防乏术，治疗亦无法。科学先生也无可奈何了。

自从科学之军崛起，我在其他方面进攻人类都节节败退，独有肺港之役，我获得最大的胜利。这是我那三个小英雄之功。

将来的发展如何，我不知道，但因为我在人身有极重大的经济利益，我始终要求人类承认我在肺港的特殊地位，承认我的侵略权。

肺港里还有其他的纠纷事件，如肺痨、百日咳、大叶肺炎、肺鼠疫，如此之类，以及要封锁港口的白喉，都因为性质不大同，不及在此备载了。

---

〔1〕 即滤过性病毒。——作者注

九、吃血的经验

从血川到血河，一路上冲锋陷阵，小细胞和大细胞肉搏，鞭毛和伪足交战，经过无数次的恶斗，终于是我得胜了，占领了血河，而人得败血症死了。

于是科学先生就板起面孔来，在实验室里，大骂我是穷凶极恶的暗杀党，谋害了宝贵的人命，他们一定要替人类复仇，发明新武器来歼灭我。

这不但于我的名声有损，而且连我在生物界的地位都动摇了。我在这一章里要述明我的立场哩。

中国的古人不是说过“民以食为天”吗？我是生物界的公民之一，当然也以食为天，不能例外。

我的生活从来是很艰苦的。我曾在空中流浪过、水中浮沉过，曾冲过了崎岖不平的土壤，穿过了曲折蜿蜒的肚肠，也曾饿在沙漠上，也曾冻在冰雪上，也曾被无情之火烧，也曾被强烈之酸浸，在无数动植物身上借宿求食过，到了极度恐慌的时候，连铁、硫和碳之类的矿盐，也胡乱地拿来充饥，我虽屡受挫折，屡经忧患，仍是不断努力地求生，努力维护我种我族的生存，不屈服，不逗留，勇往直前。我无时无刻不在艰苦生活之中挣扎着。我的生活经验，可以算是比一般生物都丰富得多了。我这样地四方奔走，上下飘舞，都是为着吃的问题没有解决呀！

我想，生物的吃，除了一般植物所吃是淡而无味的无机盐外，其他的如动物界中的各分子及植物界中之有特别嗜好者，它们所吃，就尽是别的生物的细胞。它们不但要吃死去的细胞，还要吃活着的细胞。

吃人家的细胞以养活自己的细胞，这可以说是生物界中的一种惯例吧。于是各生物间攘争掠夺互相残杀的事件，层出不穷了。

我菌儿虽是最弱最小的生物，在生物界中似乎是居最末位的，但我对于吃的问题也不能放松！

我几乎是什么都吃的生物，最低贱的如阿米巴〔1〕的胞浆，最高贵的如人类的血液，我都曾吃过。我虽被列入植物界，但我所吃，所爱吃的，绝不像植物所吃的那样寡淡而没有内容。我的吃是复杂而兼普遍，我是最能适应环境的生物。

但是，我因感觉外界的空虚、寂寞而荒凉，我的细胞时有焦干冻饿的恐慌，所以特别爱好在动物身上盘桓，尤其是哺乳类的动物——人和兽之群。他们的体温常是那么暖和，他们又能供给我以现成的食料。我在他们的身上，过惯了比较舒适的生活，就不想离开他们的圈子了。于是我的大部分群众就在这圈子之内无限制地生长繁殖起来了。

人和兽之群，在我看去真是一座一座活动的肉山啊！

我初到人兽身上的时候，看见那肉山上森严地立着疏疏密密的森林似的毛发须眉，又看见散乱地堆着，重重叠叠的乱石似的皮屑。我就随便吃了这些皮屑过活，那时我的生活仍然是很清苦

---

〔1〕 阿米巴：即阿米巴虫，可变形，能侵入人和动物体内，引起疾病。

的。

后来我又发现肉山上有一个暗红的山洞，从那山洞进去，便是一个弯弯曲曲无底的深渊，那就是人兽的肚肠。肚肠是我的天堂，那儿有来来往往的食货。我就常常混在里面大吃而特吃。但不幸的是，我在洞里又遇到了一种又酸又辣的液汁，我受不住它的浸洗。所以除了我那些走熟这一条路的孩子以外，我的大部分的菌众都不能冲过去。这天堂仍是一个特殊阶级的天堂啊！

有一回，人的皮肤上忽像火山一般地爆裂了，流出热腾腾、红殷殷的浓液。当时我很惊异，这东西是从哪里来的呢？后来我在肺港里是见惯了它，它的诱惑力激起了我的食欲和好奇心。我的细胞就往往情不自禁地跳进它的狂流中去。我尝了它的美味，从此我对于人兽的身体就抱着很大的野心了。

我虽有吃活人活兽之血的野心，然而这并不是轻而易举的事，这也并不是我菌群中全体的欲望。这种侵略人兽的大举有些像帝国主义者的行为，虽然那不过是我族中少数有势力的少壮细胞所干的事，帝国主义者侵略弱小民族也并不是他们国内全体人民的公意呀。所以你们不要因为我少数的“菌阀”的蛮干，使人类不安，而加罪于我的全体，连我一切有功的事业也都抹杀了。

人类本来都茫然不知道我在暗中的活动，我的黑幕都是给多疑的科学先生所揭穿的。他们老早就疑惑到我和人兽之血的恶关系了。于是他们就时常在人血兽血中寻找我的踪迹。因为初生的婴孩，他的肠壁的黏膜还不十分完整与坚实，他们想我到了那里，一定是很容易通行的。又因为在猪牛之类的肌肉和组织里，他们时常发现我。因此他们对于我是更加疑忌了。但是在健康之人的血液里，他们老寻不着我，罪证既不完全，他们就不能确定我会在活血里行凶呀。这是因为在平时血液的防卫很严密，我很不易攻入。我就是偶尔到了活血里面，不久也被血液里的守军杀退了。

血液是那样密密地被包在血管里，围在皮肤和黏膜之内，我要侵入血流中，必先攻陷皮肤和黏膜。所以在平时皮肤的每一角落、黏膜的每一处空隙，都满布着我的伏兵，我在那里静候着乘机起事哩。

皮肤和黏膜的面积虽甚广大，却处处都有重兵把守。皮肤是那样坚韧而油滑，没有伤口即不能随便穿过。眼睛的黏膜有眼泪时常在冲洗，眼泪有极强大的杀菌力量，就是把它稀释到四万分之一，我也不敢在那里停留。不这样，你们的眼睛将要天天在发红起肿了。呼吸道的黏膜又有纤毛，会扫荡我出来。胃的黏膜，会流出那酸溜溜的胃汁，来溶化我。尿道和阴户的黏膜也有水流在冲洗，我也不能长久驻足。此外是鼻涕、痰和口津之类也都会杀害我。真是除了汗、尿和人们不大看见的脑脊髓液[1]而外，人和兽之群乃至于一切动物，乃至于有些植物，它们的体内，哪一种流液，哪一种组织，不在严防我的侵略，不有抵抗的力量呀！

至于血，当然了，那是高等动物所共有的最丰富的流体，它的自卫力量更是雄厚了。

血，据科学先生的报告，凡体重在 150 磅[2]左右的人都有 7 升的血，昼夜不息、循环不已地在奔流着，在荡漾着，在汹涌澎湃着。血，它是略带碱性的流体，我在血水里闻到了蛋白质、糖

---

〔1〕 脑脊髓液：大脑中的液体，当颅骨受到冲撞时，外力可以通过脑脊髓液分散，使大脑不受影响。

〔2〕 磅：英美制质量单位。1 磅等于 0.4536 公斤。

类和脂肪的气味了；我见过了钠的盐、钙的盐的结晶体了；我尝到了内分泌和氧的滋味了。

在血的狂流中，我又碰到了各种各样的血球在跳跃着，在滚来滚去地流动着。

我最常遇到的是像车轮似的血球，带点青黄的颜色，它的直径只有 7.5 微米，它的体积只有 2.5 立方微米，它的胞内没有核心，它像一只一只的粮船，满载着蛋白质和脂肪，在我的身旁掠过。我看它那样又肥又美的胞体，我的饿火上冲了。我曾听科学先生说过，它的胞体里还有一种特殊的颜料，叫作血色素，那是最珍奇的一种食宝。我远远地就闻见了动物的腥味，那就是从这血色素里所放出来的气味吧。我的少壮细胞爱吃人兽之血，目的也就在它的身上吧。

但我在血的狂流中，又遇到了一群没有色素的血球了。它们的胞体内却有了核心。那核心的形状又有好些种。有的核心是蛮大的，几乎占满了血球的全身；有的核心是肾形的；有的核心的形状是凹凸不平的。它们这一群都是我的老对头，我在血中探险的时候，常受着它们的包围与威胁，它们会伸出伪足来抓我。

我又看到了一种卵形无色的小细胞，它有凝结血液的力量，我常被它绑住了。有人说它是白血球的分解体，叫它血小板。

还有一种一半是蛋白质、一半是脂肪的有色的细粒，科学先生叫它血尘，大约它们就是死去的红血球的后身吧。

此外，更奇怪的就是，我在血流中奔波的时候，我的细胞常中途而死，不知是中了谁的暗算，我在后来才知道这是所谓抗体之类无形的东西在和我作对呀。

血液是我所爱吃的，而血管的防卫是那么周密，红血球是我所爱吃的，而白血球的武力是那么可怕，每600粒红血球就有1粒白血球在巡逻着、保卫着它们！在这种情势之下，我有什么法子去抢它们来吃呢？我的经验指示我了：

第一要看天时。在天气转变的时候，人兽的身体骤然遇冷，他们皮肤和呼吸道的黏膜都瑟瑟缩缩地发抖起来，微血管里的血液突然退却，在这时候我的行军是较顺利的。或是外界的空气很潮湿、很温暖，我虽未攻入人体的内部，也能到处繁殖，所以在热带区域，在人兽的皮肤上，常有疔疮、疖子之类的东西出现，那都是我驻兵的营地呀。

第二要看地利。皮肤一旦受了刀伤、枪伤而破裂，我就从这伤口冲入。有时人的皮肤偶为小小的针尖所刺，不知不觉地过了数小时之后，忽然作痛起来，一条红线沿着那作痛的地方上升，接着全身就发烧了，这就是我的先锋队已从这刺破的小孔进攻，而节节得胜了呀。

然而在抵抗力强盛的身体，这是不常有的事。在平时我一冲进皮肤或黏膜以内，血液就如风起潮涌一般狂奔而来，涌来了无数的白血球，把我围剿了。这就是动物身体发炎的现象，发炎是它们的一种伟大的抵抗力量啊！

但是在身体虚弱的人，他们的抵抗力是很薄弱的，发炎的力量不足以应付危机。于是我就迅速地在人身的组织里繁殖起来了，更利用了血管的交通，顺着血水的奔流，冲到人身别的部分去了。有时千回百转的小肠大肠，会因食物的阻塞、外力的压迫，而突然破裂，那时伏在肠腔里的我就趁势冲进腹膜里去，又由淋巴腺而淋巴管而辗转流到血的狂流中去。这是我由肠壁的黏膜而入于血的捷径。

我有时又在外物与腐体的掩护之下，攻入血中。我伏在外物或腐体里，白血球和其他的抗菌分子就不能直接和我作战了。例如在人类不知消毒的时代，产妇的死亡率很高，那就是因为我伏在产妇身上横行无忌的缘故。

第三要看我的群力。我在进攻人身的内部时，必须利用菌众的力量。单靠着一粒一粒孤军无援的细胞作战，是无济于事的。我必须用大队的兵马来进攻。例如人得伤寒之病，是因为他所吃的食物里，早就有我的菌众伏在那里繁殖了。

第四要看我的战术。我要攻入血管，有时须勾结蚊子、臭虫和身虱之类的吮血虫做我的先驱，做我的桥梁。

第五要看我的武器。我有时又当使用毒素之类凶险的武器。那毒素是屠杀动物细胞最厉害无比的利器。我常伏在人兽之身的一个小角落里施放这类毒素。

总之不论用什么法子，从哪一个门户进攻，我的大队兵马一旦冲进了血管里面，占领了血河，在血的狂流中横冲直撞，战胜了白血球，压倒了抗体，解除了血液的武装，把一个一个红血球里的血色素尽量地吃光了，那个人的生命就不保了。

人死后，埋了拉倒，我可在那尸体里大餐大宴，那就是我的菌众庆功行赏的时候了。

不幸，近来殡仪馆的人，得到了消毒的秘诀，常把尸身浸在杀菌的药水里。又不幸，有些地方的民俗常用火葬，把尸体全烧成灰，那真是我的晦气。我不料在完全侵占了人身之后，竟同趋于灭亡，我全军覆没。这也许是人类的焦土政策吧！

十、乳峰的回顾

红润而滑腻的肠壁，充满了血腥和乳臭的气味，壁上的黏膜还不十分完整，黏膜里一排一排的上皮细胞还没有紧连密接，从胃的下口不时流进了一滴滴雪白的乳汁。

这是一个新生婴儿的肠腔。在这样的一个新肠腔里，我是第一个小旅客。我也就是伏在那些乳汁里面混进来的啊。

这时候，肠腔里的情形很荒凉，寂寞的空气笼罩着我的四周，一点杂色的货物也没有，就是流进来的乳汁，一会儿也都自干了，剩下我，孤单地在肠道彷徨着。

虽然我知道，不久就会热闹起来，不久将有更多的乳汁流进，含有各种不同性质的食物也会源源而来，那时我的远近亲友，微生物界里形形色色的分子，都会争先恐后地齐来垦殖这新开拓的处女地。

然而，在目前这婴儿肠腔里的环境，是那么冷落空虚，孤独的心情压迫着我的核心，使我再也不能忍受下去了。曲折蜿蜒的肠子，又不停地在蠕动着，震荡得我几乎要晕倒在它的黏液中了。

在黏液中，我似梦非梦地在独自思念着，想起了无限缠绵悱恻的往事。

我想起了占领“人山”的经过。自从我那回攻入他的血管以后，我的生活就非常紧张，没有一刻不在战斗中过日子，而且还有与人同归于尽的危险。于是我不得不去另觅出路了。

我在“人山”上爬行，常望见他的胸前有两座圆而高耸的乳峰，遥遥相对着。我初以为它们是和熄灭了的火山一样，极其平静无事的。我抱着好奇的心理到了那峰口去探望。

我就从这峰口进去，一进去便是一间萎缩了的空囊，曾贮藏过什么东西似的。再进就是自来水管似的圆洞，一共有十五洞至二十洞之多。愈入愈深，那圆洞也越分越细，最后到了一间最小的空房，便碰了壁，不能再前进了。

我沿途都望见有厚厚薄薄的结缔组织，包围着乳洞乳房的墙壁。在那壁上，我又看见有不少的脂肪在填积着。我想，那乳峰之所以会那样肿胖而隆起，大约就是这些结缔组织和脂肪在撑持着吧。可是，有的“人山”上的乳峰并不怎样高，有时竟萎缩到像平地上的一个小阜〔1〕而已，那也就是因为脂肪太缺少，结缔组织又都已退化了吧。

我陡然地，又在那些结缔组织里面，发现了神经的支末，发现了动脉和静脉的血管、微血管，以及淋巴管之类的东西在跳动着。我想，神经和血管都派有代表在这儿驻扎，那不久一定就会发生大变动呀。于是我就静伏在乳峰的四周，不时又爬到那峰口里去窥探，打听有什么消息。

许久，许久，一点动静也没有。那“人山”却一天比一天长大起来了，山地上涌出的油和汗也加多了，那两座乳峰总是那么沉寂。我失望了。我就离开了这“人山”，又飘到了别的“人山”

---

〔1〕阜：土山。

去视察了。

我这样地辗转流徙，到过了不少的“人山”，登上了不少的乳峰，最后我来到了一座丰满而肥大的“人山”，那山上的乳峰也格外高耸而膨胀，我觉着有些异样，忽然如地震一般，那“人山”动荡得非常厉害，又如雷响一般，嘭的一声，什么东西堕地了。

我惊慌了，我疲乏了，我昏然地跌倒在那散流了油汗的山地上。过了几个时辰，我正懒洋洋地躺在那儿休息，忽然一盆温水似的液体，从上头浇下来，我的细胞浑身都透湿了。我周围一看，望见像山巅积雪融化了似的，白白的乳汁，从那峰口涌出，滚滚而下。

在那白白的乳汁里，我遇见了不少的小乳球，不少的珍物奇货，都是脂肪、糖、蛋白质之类的好东西，都是我的顶上等的食物，我真喜出望外了。

脂肪之类，有液脂、软脂、磷脂等等，都非常可口。

糖之类，就有那著名的乳糖，我所爱吃。

蛋白质之类，有干酪素、乳球蛋白、胆脂素、尿素、肌肉素等等，都是不可多得的。

此外，还有酵素，还有无机盐，还有其他零星的小东西，如药料、香料等等，数也数不清了。

有这样多、这样美的食品，装在一颗一颗的小乳球里，在白茫茫的乳汁中荡漾着，我可以大吃特吃了。

我吃过了乳球，觉得它比血球更好吃，而且乳汁里没有白血球在巡逻着，没有抗体在守卫着，虽也有一点杀菌的力量，可是薄弱得很，那我是不必怕的。况且乳汁又不像血液那样密密地包封在血管里面，它终于是要公开地流露在外界的。好了，那我要吃乳球是便当的事了。

然而，真奇怪，这么多的乳球和乳汁是从哪里跑出来的呢?好奇的心理又引我重新爬进那峰口里去探视。

这时候，萎缩的孔囊已经高涨起来了。乳洞乳房里，都胀满了乳汁。结缔组织已经大大地减少了。乳房壁上的细胞，一个个都异常地活跃。我看见有几粒立方体形的细胞，正在渐渐地拉长，变成了圆柱形了，在它的一头，一点一点的油点，不停地在涌出。这些油点，积少成多，不久就结成了一颗大得可观的乳球，比我的身子要大好几倍。这些乳球，又愈聚愈广，出了乳峰之口，就如喷水池一般倾泻而下了。

我记得，当我在血河里抢吃红血球的时候，似乎并未曾遇见过干酪素和乳糖之类的东西。显然，这些罕见的东西，是乳球所特有，是乳房壁上的细胞自己制造出来的。不但如此，就是乳汁里的脂肪，它的内容也和血液里的脂肪有些不同；就是乳汁里所含的各种无机盐的成分，和血液里所含的无机盐的成分也不一样。这样看来，在内容上，乳汁比血液是更复杂丰富而精美了。

然而，乳汁，在原料上，那无疑地还是仰给于血液，还是红血球代它运送来的。那么，血管与乳房之间是有路可通了。

我在血河里，正苦着没有正当的出路，到了没有法子的时候，也只得随着眼泪、汗汁、尿水、鼻涕、口津、痰之类人们所厌弃的流液而出奔，不然“人山”一旦崩溃，我将随着它的尸身，又回到我的土壤故乡去了。这是我所不愿意的。

我一生最大的希望、最有野心的企图，就是征服“人山”，尤其是幼小无力的“人山”，开拓我的新殖民地，使我族可以无限制地繁殖下去。现在我既发现了这乳峰里的秘密，我可以布置新的交通网了。

我可以从血管里冲进乳房，在乳囊里集中，在乳峰口会合出发，一喷就喷到婴儿口里去了。我知道乳汁前途的环境是非常温暖而舒适的，在它的浸润中，我绝不至于冻饿，一到了婴儿的肚肠里，更是饱暖无忧了。

虽然人到底是爱干净的动物，现代人的母亲更加讲究了。在哺乳之前，必有一番清洁的准备，用硼酸水[1]或用酒精来洗刷她的乳峰，在这种消毒力量的威胁之下，伏在乳峰四沿的我早已四散逃避了。

然而，我有一群淘气的孩子会从血管里冲过来，预先和乳汁混在一起，有荚膜的鼓起它们的荚膜，有鞭毛的舞着它们的鞭毛，怒气冲冲地，预备一出去，一踏上婴儿的食道，就大显身手。不幸，这消息已被科学先生所侦察到了。讨厌的科学先生就大肆提倡什么验血、验乳的勾当。什么梅毒反应、什么结核菌素反应之类，都是故意与我为难，禁止我再入婴儿的口，绝我求生之路，我真是愤恨极了。

"人山"上的戒备既是这样的严密，我的这一个侵略婴儿的计划，算是失败了，于是我又有了占领"牛山""羊山"上的乳峰作为攻人的根据地的企图。

其实，大如老虎、狮子，小如兔儿、鼠子，哪一个哺乳类的动物，它的乳峰上没有我的踪迹？正因为牛和羊的乳汁，是被人类夺去了作为日常的饮料，这些乳汁到了人口之前，不知要经过

〔1〕 硼酸水：具有止痒消毒作用的洗剂。

多少曲折、多少跋涉，这之间，我就有机可乘，所以我特别爱好在它们的乳峰上盘桓，等候着机会的来临，等候着乳峰的开放。

在“牛山”上的乳峰开放了以后，我的菌众就纷纷地争来求食了。

有的从牛粪里飞上了“牛山”，又由“牛山”辗转而来到了乳峰之下，有的从牧场上的灰尘泥土奔来，有的从摄乳的人的手指、喉咙里、衣服上送来，又有的就预先伏在乳桶、乳锅、乳瓶、乳杯里等候了。从乳峰到人口，凡是乳汁游行所必经之路，一站一站莫不有我的军队，在黑暗里埋伏着。

乳汁来了，它把乳峰内外四旁的菌众，都冲到乳桶里去了。乳汁是最适合我的胃口的滋补品，于是我的菌众在那儿迅速地繁殖起来。

所有普通没有消毒过的牛乳，一到了人口，已满载着我的菌众，我的菌数之多，实足以惊人，为卫生家所嫉视，科学先生为了这问题更担心了。他们曾费了一番苦心来研究。据他们的报告，在一切饮用的流液之中，我的数目当以牛乳里所含为最多。于是他们就定下了一种检查牛乳的法规，对我加以限制。我吃牛奶而已，与他们有什么相干，难道人可夺母牛之乳而饮，就不许我在奶汁里沾一点光吗?

我到了乳汁里之后，就择所好而吃，牛乳的内容本来也和人乳一样丰富，不过它的干酪素较多，它的乳糖、脂肪较少罢了。

我吃了乳糖，把它化成乳酸，这样含有乳酸气味的酸牛奶，常为欧美人士所喜吃，说是有助于消化，可以治胃肠的病。可见我的生活过程，对于人类，不全是有害，有时还有很大的好处，这酸牛奶的功用便是一个好例子。以后我还要举出许多别的例子来，这里不再唠叨了。

有时我吃了乳糖，不但产酸，而且产气，所产的酸，又不是乳酸，而是带点苦味的醋酸，那牛乳人就不肯吃了。

我在乳汁中，又会放出两种酵素：一种有分解干酪素的力量，一种会破散其他的蛋白质。那乳汁先凝结成乳块，再化成清清的乳水。

至于乳汁里的脂肪，我也常吃，吃了就把那脂肪碱化了，使那乳汁又变成黄黄的透明之水了。

在上述这些情形之中，在我大吃特吃之后，乳汁都发生了重大而显著的变化，人眼可望而见，人鼻可嗅而知，人口可拒之而不饮，就不至于发生什么变故了。然而有时“牛山”上的情形很恶劣，山谷里净是乌烟瘴气，我的一群淘气的孩子已在山里东冲西突，乱抢乱劫，它们一得到乳峰开放的消息，一定会狂奔而来，混在乳汁里捣乱。呀！在我菌众中，它是最刁滑无比的一群，它们可以不动声色地偷偷地在那里吃乳。它们吃过了之后，那乳汁也不会发生任何变化，人不知不觉地若吃了这样的乳汁，那才危险哩。

就这样，我的这群野孩子随着乳汁深入到人身的内地去了。由于它们的行凶，所造成不幸的事件就有结核、伤寒、副伤寒、痢疾、白喉、猩红热、脓毒性的喉痛，乃至于布鲁氏菌病之类的疫病。不知什么时候这消息又被科学先生的情报处所侦知了。于是在“人山”的食洞里，在乳汁所走过的路途上，在牛山的乳峰里，他们就大肆搜捕我的菌众，我的儿孙们无辜而被牵连入狱者不计其数。

最后，科学先生得到了完全的罪证，他们才知道，这些从乳汁所传染来的疫病，都是我那一群淘气的孩子所干的事，和我普通的菌众无干。

他们又发现了我的孩子们的弱点。我那些淘气的孩子，都是顶怕热的微生物，温度一过了 60℃（140℉），经过了二十分钟之久，它们就要死尽了，而其他于人无害的菌众，则仍可以在这热度中偷生。

所以在今日，牛奶的消毒，都是根据了这个原理。他们似乎是顾全了我全体的生命，不用蒸煎的法子来歼灭我的全部。其实他们是为着自己的利益，因为牛奶一经煮开，它滋养的内容就会损坏不少呀。

我听说，这种消毒法，又是那位胡子科学先生所想出来的花样，他真是处处和我为难。哎呀，那胡子，他真是我的老对头！

十一、食道的占领

食的问题真够复杂而矛盾了。

除了无情的水、无情的空气、无情的矿盐之外，一切生命的原料，都是有情的东西，都是有机体，都是各种生物的肉身。

地球上各种生物，都有吃东西的资格，也都有被吃的危险。不但大的要吃小的，小的也要吃大的。不但人类要宰鸡杀羊，寄生虫也要拿人血人肉来充饥。这不是复仇，不是报应，这是生物界的一贯政策，生存竞争。

在生物界中，我是顶小顶小的生物，我要吃顶大顶大的东西，不，我什么东西都要吃，只要它不毒死我。一切大大小小的生物，都是我吃的对象。因此，我认为我谋食最便当的途径，就是到动物的食道[1]上去追寻。我渺小的身体，哪一种动物的食道去不得？

为了食物的追求，我曾走遍天下大小动物的食道。在平时，我和食道的老板，都能相安无事。我吃我的，它消化它的。有时，我的吃，还能帮助它消化呢。牛羊之类吃草的动物，它们的肚肠里若没有我在帮助它们吃，那些生硬的草的生硬的纤维素，就不

〔1〕 食道在这里泛指消化道。——作者注

易消化啊。

虽然有些动物的食道，我是不大愿意去走的。蝎儿的肠腔我怕它太阴毒，某种蠕虫的肚子我嫌它太狭窄。北极的白熊，印度的蝙蝠，它们的食道上，我也很少去光顾，这是我受不了不良环境与气候的威胁呀！

我到处奔走求食，我在食道上有深久的阅历，我以为环境最优良、最丰腴的食道，要推举人类的肚肠了。这在前面我已宣扬过了：

人类的肚肠，是我的天堂，
那儿没有干焦冻饿的恐慌，
那儿有吃不尽的食粮。

人类这东西，也是最贪吃的生物，他的肚子就是弱小动植物的坟墓，生物到了他的口里，都早已一命呜呼了。独有我菌儿这一群，能偷偷地渡过他的胃汁，于是他肠子里的积蓄就变成我的粮仓食库了。在消化过程中的菜饭鱼肉，就变成为我的沿途食摊了。在这条大道上，我一路吃一路走，冲过了一关又一关，途中风光景物，真是美不胜收，几乎到处都拥挤不堪，我真可谓饱尝人中的滋味了。虽然我有时也曾厌倦了这种贵族式的油腻的生活，就巴不得早点溜出肛门之外呀。

然而，在平时，我的大部分菌众，始终都认为人类的肠腑是我最美满的乐土，尤其是在这人类称霸的时代，地球上的食粮尽归他所统治，他的食道，实在是食物的大市场、食物的王国啊。我若离开他的身体再到别的地方去谋生，那最终是要使我失望的啊。

这种道理，我的菌众似乎都很明白，因此，不论远近，只要有机可乘，我就一跃而登人类的大口。这是占领食道的先声。

在他的大口里，就有不少的食物的渣滓皮屑，都是已死去的动植物的细胞和细胞的附属品，在齿缝舌底之间填积着，可供我的浅斟慢酌，我也可以兴旺一时了。然而，我在大口里，老是站不住脚的。口津如温泉一般地滚流不息，强盛的血液又使我战栗，吞食的动作又把我卷入食管里面去了。不然的话，我一旦得势，攻陷了黏膜，那张堂皇的大口，就要臭烂出脓了。

到了食管，顺着食管动荡的力量，长驱直入，我的先头部队，早已进抵胃的边岸了。扑通一声，我堕入黑洞洞、热滚滚、酸溜溜、毒辣辣的胃汁的深渊里去了。不幸我的大部分菌众都白白地浸死了。剩下了少数顽强的分子，它们有油滑的荚膜披体，有坚实的芽孢护身，一冲都冲过了这食道上最险恶的难关，安然达到胃的彼岸了。

有的人，胃的内部受了压迫，酿成了胃细胞怠工的风潮，胃汁的产量不足，酸度太淡，消化力不够强，我是不怕他的了，就是从来渡不过胃河的菌众，现在也都踉跄地过去了。

有的时候，胃壁上陡地长出一个团团的怪东西，是一种畸形的、多余的发育，科学先生给它一个特殊的名称叫作癌。癌，这不中用的细胞的大结合，我就毫不客气地占领了它，作为我攻人的特务机关了。

一越过了有皱纹的胃的幽门，食道上的景色就要一变，变成了重重叠叠的、有绒毛的小肠的景色了。酸酸的胃汁流到了这里，就渐渐地减退了它的酸性。同时，黄黄的胆汁自肝来，清清的胰汁自胰腺来，黏黏的肠汁自肠腺里涌出，这些人体里的液汁，都有调剂酸性的本能。经过了胃的一番消化作用的食物，一到小肠，就渐渐成为中性的食物了。中性是由酸入碱必经的一个段落。在这个段落里，我就敢开始我吃的劳作了。

不过，我还有所顾忌，就是那些食物身上还蕴蓄着不少缓冲的酸性，随时都会发生动摇，而把大好的小肠，又有变得酸溜溜的可能。所以在小肠里，我的菌众仍是不肯长久居留，我仍是不大得意的啊！

蠕动的小肠，依照它在食道上的形势，和它的绒毛的式样，可分为三大段。第一段是十二指肠，全段只有十二个指头并排在一起那么长，紧接着是胃的幽门。第二段是空肠，食物运到这里，是随到随空的，不是被肠膜所吸收，就是急促地向下推移。第三段是回肠，它的蜿蜒曲折千回百转的路途，急煞了混在食物里面的我，我的行动受了影响，同时食物的大部分珍美的养料，也就在这里，都被肠壁的细胞提走了。

我辛辛苦苦地在小肠的道上，一段一段地推进，一步一步我的胆子壮起来了。不料刚刚走到了环境的酸性全都消失的地方，好吃的东西，出其不意地又都被人体的细胞抢去吃了。我深恨那肠壁四周的细胞。

小肠的曲折，到了盲肠的界口就终止了。盲肠是大肠的起点。在盲肠的小角落里，我发现了一条小小的死巷堂，是一条尾巴似的突出的东西，食物偶尔堕落进去，就不得出来。我也常常占领它作为攻人的战壕，因此“人山”上就发生了盲肠炎的恐慌。

到了大肠了。大肠是一条没有绒毛的平坦大道，在“人山”的腹部里面绕了一个大弯。已经被小肠榨取去精华的食物，到了这里，只配叫作食渣了。这食渣的运输极其迟缓，愈积愈多，拥挤得几乎透不过气。我伏在这食渣上，顺着大肠的趋势，慢慢往上升，慢慢横着走，慢慢向下降，过了乙状结肠，到了直肠，这是食道上最后的一站，就望见肛门之口，别有一番天地了。

食渣一到了大肠的最后一段，一切可供为养料的东西，都已被肠膜的细胞和我的菌众洗劫一空了，所剩下的只是我数万菌众的尸身和不能消化的残余，再染上胆汁之类的彩色，简直只配叫作屎了。屎这不雅的名称，倒有一点写实的意思呀。

多事的科学先生，曾费了一番苦心去研究屎的内容，他们发现了屎的总量的四分之一至三分之一都是尸，尸就是指我而言。据说，我的菌群，从成人的肛门口所逃出的，每天总有 8 克重量的我，真不算少，估计起来，约有 128 000 000 000 000 000 000 之多的菌口。128 之后，又拖上了 18 个零，这数字是多么惊人。由此可以想见大肠里的情形是如何的热闹了。

然而，在十二指肠的时候，我新从死海里逃生，我的神志，犹昏昏沉沉，我的菌数，殆寥寥无几，这些大肠里异常热闹的菌众，当然是到了大肠之后才繁殖出来的。我的先头部队，必须在每一群中，各选出几位有力的代表，做开路的先锋，以后就可以生生世世坐在肠腔里传子传孙了。

在我的先头部队之中，最先踏进肠口的，是我的一个最可爱的孩子。它是不怕酸的一员健将，它顶爱吃的东西就是乳酸。它常在乳峰里鬼混，它混在乳汁里面悄悄地冲进婴儿的食道里来了。在婴儿寂寞的肠腔里，感到孤独悲哀而呻吟的，就是它。它还有一位性情相近的兄弟，那是从牛奶房里来的，也老早就到“人山”的食道上了。

在婴儿没有断乳以前的肠腔，这两弟兄是出了十足的风头，红极一时的。婴儿一断了乳，四方的菌众都纷纷而至，要求它俩让出地盘。它们一失了势，从此就沉默下去了。

这些后来的菌众之中，最值得注意的，是我的两个最出色的孩子，这两个都是爱吃糖的孩子。它们吃过了糖之后，就会使那糖发酵。发酵是我菌儿特有的技能。为了发酵，不知惹出了多少闲气来，这是后话不提。

这两个孩子，一个就是鼎鼎大名的大肠杆菌，看它的名字，就晓得它的来历。它的足迹遍布天下动物的肚肠，只有鱼儿蛤儿之类冷血动物的肠腔，它似乎住不惯。科学先生曾举它做粪的代表，它在哪儿，哪儿便有沾了粪的嫌疑。

那另一个，也有游历全世界肚肠的经验。它身上有芽孢，它的行旅更顺利。不过，它有一种怪脾气，好在黑暗没有空气的角落里过日子，有新鲜空气的地方，反而不能生存下去。这是厌气菌的特色。肚肠里的环境，恰恰适合了这种奇怪的生活条件。

我的孩子们有这一种怪脾气的很多，还有一个，也在肚肠里谋生。它很淘气，常害人得破伤风的大病，在肠腔里，它却不作怪。你们中国北平工人的肠腔里，就收留了不少它的芽孢。这大概是由于劳苦的工人多和土壤接近的吧！我的这个孩子本来伏在土壤里面。尤其是在北平，大风刮起漫天的尘沙，人力车夫张着大口喘息不定地在奔跑，它的机会就来了。

其实，我要攀登“人山”上食道的机会，真多着哪！哪一条食道不是完全公开的呢？我的孩子们，谁有不怕酸的本领，谁能顽强抵抗人体的攻击，谁就能一堑一堑冲进去了。在这“人山”正忙着过年节的当儿，我的菌众就更加活跃了。

我虽这样地占领了食道，占领了人类的肚肠，仍逃不过科学先生灼灼似贼的眼光。有时人们会叫肚子痛，或大吐大泻，于是他们的目光又都射到我的身上了，又要提我到实验室审问去了。那胡子的门徒又在作法了，号称天堂的肚肠，也不是我的安乐窝了。唉！我真晦气！

十二、肠腔里的会议

崎岖的食道，纷乱的肠腔，
我饱尝了糖类和蛋白质的滋味。
我看着我的孩子们，一群又一群，
齐来到幽门之内，开了一个盛大的会议，
有的鼓起芽孢，有的舞着鞭毛，
尽情地欢宴，
尽量地欢宴。
天晓得，乐极悲来，好事多磨，
突然伸来科学先生的怪手，
我又被囚入玻璃小塔了；
无情之火烧，毒辣之汁浇，
我的菌众一一都遭难了。
烧就烧，浇就浇，我是始终不屈服！
他的手段高，我的菌众多，我永远不屈服！
这肠腔里的会议是值得纪念的。
这肠腔里的“菌才”是济济一堂的。

从寂寞婴儿的肠腔，变成热闹成人的肠腔，我的孩子们，先先后后来到此间的一共有八大群，我现在一群一群地来介绍一下吧。俨然以大肠的主人翁自居的大肠杆菌，酸溜溜从乳峰之口奔下来的乳酸杆菌，以不要现成的氧气为生存条件的厌氧杆菌，这三群孩子我在前一章已经提出，这里不再啰唆了。其他五大群呢？其他五大群也曾在肠腔里兴旺过一时。

第四群，是链球那一房所出的，它的身子是那样圆圆的小球似的，有时成串，有时成双，有时单独地出现。科学先生看见它，吃了一惊，后来知道它在肚子里并不作怪，就给它起了一个绰号，叫作吃屎链球菌[1]。链球菌这三字多么威风！这是承认它是肺港之役曾出过风头的吃血链球菌的小兄弟了。而今乃冠之以吃屎，是笑它的不中用，只配吃屎了。我这群可怜的孩子，是给科学先生所侮辱了。然而这倒可以反映出它在肠腔里的地位啊！

（笔记先生按：最近国民政府有一位大将军，据说因为打补血针的时候不当心，血液中毒，得了败血症而死了。那闯进他的血管里面，屠杀他血球的凶手，就是那著名的吃血链球菌呀！而那吸血的链球菌，它有时也曾被吞到肚子里去，不过肚子里的环境是不容许它有什么暴动的，所以在肚子里它反而不如它的小兄弟——吃屎链球菌那样活跃。在菌儿界它是不好意思直说出来的啊。）

第五群，是化腐杆那一房所出的，它的小棒似的身体，蛮像大肠杆菌，不过，它有时变为粗短，有时变为细长，因此科学先生称它变形杆菌。它浑身都是鞭毛，因此它的行动极其迅速而活泼。它好在阴沟粪土里盘桓，一切不干净的空气、不漂亮的水，

〔1〕 即粪链球菌。——作者注

常有它的踪迹。它爱吃的净是些腐肉烂尸及一切腐败的蛋白质，它真是腐体寄生物中的小霸王。它在哪儿发现，哪儿便有臭腐的嫌疑。它闻到了这肠腔里臭味冲天，料到这儿有不少腐烂的蛋白质在堆积着，因此它就混在剩余的肉汤菜渣里滚进来了。

在肠腔里，它虽能安静地干它化解腐物的工作，但它所化解出来的东西，往往含有一点毒质，而使肠膜的细胞感到不安。科学先生疑它和胃肠炎的案件有关，因此它就屡次被捕了。如今这案件还在争讼不已，真是我这孩子的不幸。

第六群，是芽孢杆那一房所出。也是小棒似的样子，它的头上却长出一颗坚实的芽孢。它的性儿很耐，行动飞快。它的地盘也很大，乡村的土壤和城市的空气中，都寻得着它。它爱喝的是咸水，爱吃的是枯草烂叶。它也是有名的腐体寄生物，不过它寄生的多数都是植物的后身，因此科学先生呼它枯草杆菌。它大概是闻知了这肠腔里有青菜萝卜的气味，就紧抱着它的芽孢，而飘来这里借宿了。有那样坚实的芽孢，胃汁很难浸死它，它这一群冲进幽门的着实不少啊。

在新鲜的粪汁里，科学先生常发现一大堆它的芽孢。它又常到实验室里去偷吃玻璃小塔中的食粮，因此实验室里的掌柜们都十分讨厌它。但因为它毕竟是和平柔顺的分子，在大人先生的肚子里并没有闹过乱子，科学先生待它也特别宽容，不常加以逮捕。这真是这吃素的孩子的大幸。

第七群，是螺旋那一房所出。它的态度有点不明，而使科学先生狐疑不定。它一被科学先生捉了去，就坚决地绝食以反抗，所以那玻璃小塔里，是很难养活它的。后来还亏东方木屐国[1]有一位什么博士，用活肉活血来请它吃，它的真相乃得以大明。它的像螺丝钉一般的身儿，弯了一弯又一弯，真是在高等动物的温暖而肥美的血肉里娇养惯了，一旦被人家拖出来，才那样难养。大概我的孩子们中过惯了人体舒适的生活的，都有这样古怪的脾气，而这脾气在螺旋这一群，是显得格外厉害的了。

虽然我这螺旋有时候因为寻不着适当的人体公寓，暂在昆虫小客栈里借宿，以昆虫为中间宿主。在形态上，在性格上，本来已经有原动物的嫌疑的它，更有什么中间宿主这秘密的勾当，越发使科学先生不肯相信它是我菌儿的后裔了。于是就有人居间调停了，叫它螺旋体，说它是生物界的中立派，跨在动植物两界之间。这些都是科学先生的事，我何必去管。

我只晓得，它和我的其他各群孩子过从很密。在口腔里，在牙龈上，在舌底下，我们都时常会见到。在肠腔里，我们也都在一块儿住，一块儿吃，它也服服帖帖的并不出奇生事。要等它溜进血川血河里，这才大显其身手，它原是血水的强盗。不过它还有一所秘密的巢窝，是人间所讳言的神秘之窟。其实，那有什么了不起呢？我一生成功的秘诀，就是生殖得快而且多呀！正因为人类的生殖器，多为庄严的礼教所软禁，迫得愚夫愚妇铤而走险，这才闹出花柳病的案子、花柳病的乱子了。于是人类生殖器便成为这螺旋的势力区了，不然，它也只好平心静气地伏在肠腔里养老呀。

第八群，是酵儿和霉儿。它们并不是我自己的孩子，而是我

〔1〕这里指日本。

的大房、二房兄弟所出的，算起来还是我的侄儿哩。它们都是制酒发酵的专家。不过它们也时常到人类肚子里来游历，所以在这肠腔里集会的时候，它也列席了。

那酵儿在我族里算是较大的个子，它那像小山芋似的胖胖的身儿是很容易认得的。它的老家是土壤，它常伏在马蜂、蜜蜂之类的昆虫的脚下飞游。有时被这些昆虫带到了葡萄之类的果皮上，它就在那儿繁殖起来，那葡萄就会变酸，它也就是从这酸葡萄、酸茶之类的食物滚进"人山"的口洞里来了。酒桶里没有它，酒就造不成，中国的古人早就知道了，不过看不出它是活生生的生物罢了。它的种类也很多，所造出来的酒也各不相同。法国的酒商曾为这事情闹到了胡子科学先生的面前。

那霉儿，它的身子像游丝似的，几个十几个细胞连在一起。它是无所不吃的生物，它的生殖力又极强，气候的寒热干湿它都能忍耐过去，尤其是在四五月之间下毛毛雨的天气里，它最盛行了。因此它的地盘之大，我们的菌众都比不上它。它有强烈的酵素，它所到的地方，一切有机体的内部都会起变化，人类的衣服、家具、食品等东西是给它毁损了。然而它的发酵作用并不完全有害，人类有许多工业都靠着它来维持哩。

关于这两群孩子的事实还很多，将来也要请笔记先生替它立传，我这里不过附带声明一声罢了。

以上所说的八大群的菌众，先后都赶到大肠里集会了。

乳酸杆是吃糖产酸那一房的代表。

大肠杆是在肠子里淘气的那一房的代表。

厌氧杆是讨厌氧气那一房的代表。

吃屎链球是球族那一房的代表。

变形杆是吃死肉那一房的代表。

芽孢杆是吃枯草烂叶那一房的代表。

螺旋是螺旋那一房的代表。

酵儿和霉儿是发酵造酒那两房的代表。

这八群虽然不足以代表大肠的全体菌众，但是它们是大肠里最活跃、最显著、最有势力的分子了。

在前几章的自传里，我并没有谈到我自己的形态，在本章里我也只略略地提出。那是因为你们没有福气看到显微镜的大众，总没有机会见我，我就是描写得非常精细，你们的脑袋里也不会得到深刻的印象啊。在这里，你们只需记得我的三种外表的轮廓就得了——球形、杆形和螺旋形。

还有芽孢、荚膜、鞭毛也是我身上的特点，这里我也不必详细去谈。然而，我认为你们应当格外注意的，就是我在大肠里面是怎样的吃法，这和你们的身体很有利害关系啊。

我这八群孩子，它们的食癖，总说起来可分为两大派：一派是吃糖，糖就是碳水化合物的代表；一派是吃肉，肉是蛋白质的代表。

它们吃了糖就会使那糖发酵变酸。

它们吃了肉就会使那肉化腐变臭。

这酸与臭就是我的生理化学上的两大作用呀。

然而大肠里蛋白质与碳水化合物的分布是极不平均的。和尚尼姑的大肠里大约是糖多，阔佬富翁的大肠里大约是肉多。

糖多，我的爱吃糖的孩子们，如乳酸杆之群，就可以勃兴了。

肉多，我的爱吃肉的孩子们，如变形杆之群，就可以繁盛了。

乳酸杆勃兴的时候，是对你们大人先生的健康有益的，因为它吃了糖就会产出大量的酸。在酸汁浸润的肠腔里，吃肉的菌众是永远不会得志的，而且就是我那一群淘气的野孩子，偶尔闯进来，也会立刻被酸所扫灭。所以在乳酸杆儿极度繁荣的肠腔里，“人山”上不会发生伤寒病之类的乱子。所以今天的科学医生常利用它来治疗伤寒。

伤寒的确是你们的极可怕的一种肠胃的传染病，是我的一群凶恶的野孩子在作祟。这野孩子就是大肠杆那一房所出的。在烂鱼烂肉那些腐败的蛋白质的环境里，它就极容易发作起来。害人得痢疾的野孩子也是这一房所出的。害人得急性胃肠病的也是这一房所出的。它们都希望有大量的肉渣鱼屑，从胃的幽门运进来。还有霍乱那极淘气的孩子，也是这样的脾气。霍乱、痢疾、伤寒这三个难兄难弟和你们中国人是很有来往的，我不高兴去多谈它了。

就是这些野孩子不在肠腔里的时候，如果肠腔里的蛋白质堆积得过多，别的菌众也会因吃得过火，而使那些蛋白质化解成为毒质。

专会化解蛋白质成为毒质的，要算是著名的腊肠毒杆了，这杆是我的厌气那一房孩子所出的。这些厌气的孩子，身上也都带着坚实的芽孢，既不怕热力的攻击，又不怕酸汁的浸润，很容易就给它溜进肠腔里来了。

那八大群的菌众是肠腔会议中经常出席的，这些淘气的野孩子是偶尔进来列席旁听的。我们所讨论的议案是什么？那是要严守秘密的啊！

不幸这些秘密都被胡子科学先生的徒子徒孙们一点一点地查出来了。

于是这八大群的孩子、淘气的野孩子以及其他的菌众一个个都锒铛锒铛地入狱，被拘留在玻璃小塔里面了。

这科学先生是要研究出对付我们的圆满的办法啊。

十三、清除腐物

真想不到，我现在竟在这里，受实验室的活罪。
科学的刑具架在我的身上，
显微镜的怪光照得我浑身通亮；
蒸锅里的热气烫得我发昏，
毒辣的药汁使我的细胞起了溃伤；
亮晶晶的玻璃小塔里虽有新鲜的食粮，
那终究要变成我生命的屠宰场。
从冰箱到暖室，从暖室又被送进冰箱，
三天一审，五天一问，
侦查出我在外界怎样的活动，
揭发了我在人间行凶的真相。
于是科学先生指天画地地公布我的罪状，
口口声声大骂我这微生物太荒唐，
自私的人类，都在诅咒我的灭亡，
一提起我的怪名，
他们不是怨天，就是“尤人”（这人是指我）！

怨天就是说：“天既生人，为什么又生出这鬼鬼祟祟的细菌，暗地里在谋害人命？”“尤人”就说：“细菌这可恶的小东西，和我们势不两立，恨不得将天下的细菌一网打尽！”

这些近视眼的科学先生和盲目的人类大众，都以为我的生存是专跟他们作对似的，其实我哪里有这等疯狂？

他们抽出片断的事实，抹杀了我全部的本相。

我真有冤难申，我微弱的呼声打不进大人先生的耳门。

现在亏了有这位笔记先生，自愿替我立传，我乃得以向全世界人民将我的苦衷宣扬。

我菌儿真的和人类势不两立吗？这一问未免使我的小胞心有点辛酸！

天哪！我哪里有这样的狠心肠，人类对我竟生出这样严重的恶感。

在生存竞争的过程中，哪个生物没有越轨的举动？人类不也在宰鸡杀羊、折花砍木，残杀了无数动物的生命，伤害了无数植物的健康。而今那些传染病暴发的事件，也不过是我那一群号称毒菌的野孩子，偶尔为争食而突起的暴动罢了。

正和人群中之有帝国主义者，兽群中之有猛虎毒蛇，我菌群中也有了这狠毒的病菌。它们都是横暴的侵略者、残酷的杀戮者、阴险的集体安全的破坏者，真是丢尽了生物界的面子！闹得地球不太平！

我那一群野孩子粗暴的行为虽时常使人类陷入深沉的苦痛，但这毕竟是我族中少数不良分子的丑行，败坏了我的名声。老实说，这并不是我完全的罪过啊！我菌众并不都是这么凶呀！

我那长年流落的生活，踏遍了现在世界一切污浊的地方，在臭秽中求生存，在潮湿处传子孙，与卑贱下流的东西为伍，忍受着那冬天的冰雪，被困于那燥热的阳光，无非是要执行我在宇宙间的神圣职务。

我本是土壤里的劳动者，大地上的清道夫，我除污秽、解固体，变废物为有用。

有人说，我也就是废物的一分子。那真是他的大错，他对于事实的蒙昧。

我飞来飘去，虽常和腐肉烂尸、枯草朽木之类混居杂处，但我并不同流合污，不做废物的傀儡，而是它们的主宰，我负有清除它们的使命啊！

喂！自命不凡的人类啊！不要藐视了我这低级的使命吧！这世界是集体经营的世界！不是上帝或任何独裁者所能一手包办的！地球的繁荣是靠着我们全体生物界的努力！我们无贵无贱地都要共同合作的啊！

在生物界的分工合作中，我菌儿微弱的单细胞所尽的薄力，虽只有看不见的一点一滴，然而我集合无限量的菌众，挥起伟大的团结力量，也能移山倒海，也能呼风唤雨呀！

我移的是土壤之山，
我倒的是废物之海，
我呼的是酵素之风，
我唤的是氮气之雨。

我悄悄地伏在土壤里工作，已经历过数不清的年头了。我化解了废物，充实了土壤的内容，植物不断地向它榨取原料，而它仍能源源地供给不竭，这还不是我的功绩吗？

我怎样的化解废物呢?

我有发酵的本领，我有分解蛋白质的技能，我又有溶解脂肪的特长啊。

在自然界的演变途中，旧的不断地在毁灭，新的不断地从毁灭的余烬中诞生。我的命运也是这样。我的细胞不断地在毁灭与产生，我是需要向环境索取原料的。这些原料大都是别人家细胞的尸体。人家的细胞虽死，它内容的滋养成分不灭，我深明这一点。但我不能将那死气沉沉的内容，不折不扣地照原样全盘收纳进来。我必须将它的顽固的内容拆散，像拆散一座破旧的高楼，用那残砖断瓦、破栋旧梁，重新改建好几所平房似的。

因此，我在自然界里面，有一大部分的职务，便是整天整夜地坐在生物的尸身上，干那拆散旧细胞的工作。虽然有时我的孩子们因吃得过火，连那附近的活生生的细胞都侵犯了。这是它们的唐突，这也许就是我菌儿所以开罪于人类的原因吧!

那些已死去的生物的细胞，多少总还含点蛋白质、糖类、脂肪、水、无机盐和活力素等六种成分吧。这六种成分，我的小小而孤单的细胞里面，也都需要，一种也不能缺少。

这六种中间，以水和活力素最容易消失，也最容易吸收；其次就是无机盐，它的分量本来就不多，也不难穿过我的细胞膜。只有那些结构复杂而又坚实的蛋白质、糖类和脂肪等，我才费尽了力气，将它们一点一点地软化下去，一丝一丝地分解出来，变成了简单的物体，然后才能引渡它们过来，作为我新细胞建设与发展的材料。

是蛋白质吧，它的名目很多，性质各异，我就统统要使它一步一步地返本归元，最后都化成了氨、一氧化氮、硝酸盐、氮、硫化氢、甲烷，乃至于二氧化碳及水，如此之类最简单的化学品了。

这种工作，有个专门名词，叫作化腐作用，把已经没有生命的腐败的蛋白质，化解走了。这时候往往有一阵怪难闻的气味，冲进旁观的人的鼻孔里去。

于是那旁观的人就说："这东西臭了，坏了！"

那正是我化解腐物的工作最有成绩的当儿啊！担任这种工作的主角，都是我那一群"厌气"的孩子。它们无需氧的帮忙，就在黑暗潮湿的角落里，腐物堆积的地方，大肆活动起来！

是糖类吧，它的式样也有种种，结构也各不同，从生硬的纤维素、顽固的淀粉到较为轻松的乳糖、葡萄糖之类，我也得按部就班地逐渐把它们分解了，变成了酪酸、乳酸、醋酸、蚁酸、二氧化碳及水之类的起码货色了。

是脂肪吧，我就得把它化成甘油和脂酸之类的初级分子了。

蛋白质、糖类和脂肪，这许多复杂的有机物，都是以碳为中心。碳在这里实在是各种化学元素大团结的枢纽。我现在要打散这个大团结，使各元素从碳的连锁中解放出来，重新组织适合于我细胞所需要的小型有机物，这种分解的工作，能使地球上一切腐败的东西，都现出原形，归还了土壤，使土壤的原料无缺。

我生生世世，子子孙孙，都在这方面不断努力着，我所得的酬劳，也只是延续了我种我族的生命而已。而今，我的野孩子们不幸有越轨的举动，竟招惹人类永久的仇恨！我真抱憾无穷了。

然而有人又要非难我了，说："腐物的化解，也许是氧化作用吧！你这小东西连一粒灰尘都抬不起，有什么能力，用什么工具，竟敢冒称这大地上清除腐物的成绩都是你的功劳呢？"这问题，19 世纪的科学先生曾闹过一番热烈的论战。

在这里最能了解我的，还是那我素来所憎恨的胡子先生。他花了许多年的工夫，埋头苦干地在实验，结果他完全证实了发酵和化腐的过程，并不是什么氧化作用。没有我这一群微生物在活动，发酵是永远发不成功的啊！

我有什么特殊的能力呢？

我的细胞里面有一件微妙的法宝。

这法宝，科学先生叫它酵素，中文的译名有时又叫作酶，大约这东西总有点酒或醋的气息吧！

这法宝，研究生物化学的人，早就知道它的存在了。可惜他们只看出它的活动的影响，看不清它的内容的结构，我的纯粹酵素，人们始终不能把它分离出来。因此多疑的科学先生又说它有两种了：一种是有生机的酵素，一种是无生机的酵素。

那无生机的酵素，是指蛋白酵、淀粉酵之类那些高等动植物身上所有的分泌物。它们无须活细胞在旁监视，也能促进化解腐物的工作。因此科学先生就认为它们是没有生机的酵素了。

那有生机的酵素，就是指我的细胞里面所存的这微妙的法宝。在酒桶里，在醋瓮里，在腌菜的锅子里，胡子的门徒们观察了我的工作成绩，以为这是我的新陈代谢的作用，以为我这发酵的功能是我细胞全部活动的结果，因而以为我菌儿的本身就是一种有生机的酵素了。

我在生物化学实验室里听到了这些理论，心里怪难受的。

酵素就是酵素，有什么有生的和无生的可分呢。我的酵素也可以从我的细胞内部榨取出来，那榨取出来的东西，和其他动植物体内的酵素原是一类的东西。酵素总是细胞的产物吧。虽是细胞的产物，它却都能离开细胞而自由活动。它的行为有点像化学界的媒婆，它的光顾能促成各种化学分子加速地结合或分离，而它自己的内容并不起什么变化。

在化学反应的过程中，这酵素永远站在第三者的地位，保持着自己的本来面目。然而它却不守中立，没有它的参加，化学物质各分子间的关系，不会那样紧张，不会引起很快的突变，它算是有激活化学变化之功了。

没有酵素在活动，全生物界的进展就要停滞了。尤其是苦了我！它是我随身的法宝。失去它，我的一切工作都不能进行了。

虽然我也只觉着它有这神妙的作用。我有了它，就像人类有了双手和大脑，任何艰苦的生活，都可以积极地去克服。有了它，蛋白质碰到我就要松，糖类碰到我就要分散，脂肪碰到我就要溶解，都成为很简单的化学品了。有了它，我又能将这些简单的化学品综合起来，成为我自己的胞浆，完成了我的新陈代谢工作，实践了我清除腐物的使命。

这样一说，酵素这法宝真是神通广大了。它的内容结构究竟是怎样的呢？这问题，真让科学先生煞费苦心了。

有的说：酵素本身就是一种蛋白质。

有的说：这是所提取的酵素不纯净，它的身体是被蛋白质所玷污了，它才有蛋白质的嫌疑呀！

又有的说：酵素是一个活动体，拖着一只胶性的尾巴，由于那胶性尾巴的勾结，那活动体才得以发挥它固有的力量啊！

还有的说：酵素的活动是一种电的作用。譬如我吧，我之所以能化解腐物，是由于以我的细胞为中心的电场，激活了那腐物基质中的各化学分子，使它们阴阳颠倒，而使它们内部的结构发生变动了。

这真是越说越玄妙了！

本来，清除腐物是一个浩大无比的工程。腐物是五光十色无所不包，因而酵素的性质也就复杂而繁多了。每一种蛋白质，每一种糖类，每一种脂肪，甚而至于每一种有机物，都需要特殊的酵素来分解。属于水解作用的，有水解的酵素；属于氧化作用的，有氧化的酵素；属于复位作用的，有复位的酵素。举也举不尽了。这些错综复杂的酵素，自然不是我那一颗孤单的细胞所能兼收并蓄的。这清除腐物的责任，更非我全体菌众团结一致地担负起来不可！

酵素的能力虽大，它的活动却也受了环境的限制。环境中有种种势力都足以阻挠它的工作，甚至于破坏它的完整。

环境的温度就是一种主要的势力。在低温里，它的工作甚为迟缓，温度一高过 70℃，它就很快地感受到威胁而停顿了。在 35℃到 50℃之间，是它最活跃的时候。虽然我有一种分解蛋白质的酵素，能短期地经过沸点热力的攻击而不灭，那是酵素中最顽强的一员了。

此外，我的酵素，也怕阳光的照耀，尤其怕阳光中的紫外线，也怕电流的振荡，也怕强酸的浸润，也怕汞、镍、钴、锌、银、金之类的重金属盐的侵害，也怕……

我不厌其详地叙述酵素的情形，因为它是生物界一大特色，是消化与抵抗作用的武器，是细胞生命的靠山，尤其是我清除腐物的巧妙的工具。

我的一呼一吸一吞一吐，

都靠着那在活动的酵毒，

那永远不可磨灭的酵素。

然而，在人类的眼中，它又有反动的嫌疑了。

那溶化病人的血球的溶血素，不也是一种酵素吗？

那麻木人类神经的毒素，不也是酵素的产物吗？

这固然是酵素的变相，我那一群野孩子是吃得过火，

请莫过于仇恨我，这不是我全体的罪过。

您不见我清除腐物的成绩吗？

我还有变更土壤的功业呢！

这地球的繁荣还少不了我，

我的灭绝将带给全生物界以难言的苦恼，

是绝望的苦恼！

十四、土壤革命

土壤，广大的土壤，是我的祖国，是我的家乡，
我从不知道时候的时候起，就把生命隐藏在它的怀中，
我在那儿繁殖，我在那儿不停地工作，
那儿有我永久吃不尽的食粮。
有时我吃完了人兽的尸肉，就伴着那残余的枯骨长眠；
有时我沾湿了农夫的血汗，就舞起鞭毛在地面上游行。
在神农氏没有教老百姓耕种的时候，
我就已经伏在土中制造植物的食料。
有我在，荒芜的土地可变成富饶的田园；
失去我，满地的绿意，一转眼，都要满目凄凉。
蒙古的沙漠，一片枯黄，
就因为那儿，我没有立足的地方。
在有内容的泥土里，我不曾虚度一刻的时辰，
都为着植物的繁荣，为着自然界的复兴。
有时我随着沙尘而飞扬，叹身世的飘零；
有时我踏着落叶，乘着雨点而下沉；
有时我从肚肠溜出，混在粪中，颠沛流离；
经过曲曲折折的路途，也都回到土壤会齐。

我在地球上虽是行踪无定，
我在土壤里却负有变更土壤的使命。
变更土壤就是一种革命的工作，
是破坏和建设兼程并进的工作。
这革命的主力虽是我的活动，
也还有不少其他杂色的党员。
土壤，广大的土壤，原是微生物的王国，
并且是微生物的联邦。
有小动物之邦，有小植物之邦。

在小动物之邦里，有我所痛恨的原虫，有我所讨厌的线虫[1]，有我所望而生畏的昆虫。在小植物之邦里，有我所不敢高攀的苔藓，有我所引为同志的酵霉，有我所情投意合的放线菌[2]。这些形形色色的分子，有些是反动的，有些是前进的。看哪！那原虫，我在“人山”上旅行的时候，已经屡次碰见过了。在肚肠里，酿成一种痢疾的祸变的，不是变形虫的家属吗？在血液里，闹出黑热病的乱子的，不是鞭毛虫的亲族吗？变形虫和鞭毛虫都是顶凶顶狠毒的原虫。它们和我的那一群不安分的野孩子的胡闹，似乎是连成一气的。

它们不但在谋害高贵的人命，连我微弱的胞体也要欺凌。我

〔1〕 线虫：动物界中数量最多者之一，寄生于动植物，或自由生活于土壤、淡水和海水环境中。

〔2〕 放线菌：一类主要呈菌丝状生长和以孢子繁殖的陆生性较强的原核生物。在自然界分布广泛，主要以孢子或菌丝状态存在于土壤、空气和水中，尤其是含水量低、有机物丰富、呈中性或微碱性的土壤中数量最多。

正在土壤里工作的时候，老远就望见它们了。那耀武扬威的伪足，那神气十足的粗毛，汹汹然而来，好不威风。只恨我，受了环境的限制，行动不自由，尽力爬了二十四小时，爬不到一英寸，哪里回避得及，就遭它们的毒手了。

这些可恶的原虫所盘伏的地层，也就是我所盘伏的地层。在每一克重的土块里，它们的群众，有时多至一百万以上，少的也有好几百，其中以鞭毛虫最占多数。它们的存在，给我族的生命以莫大的威胁。它们真是我的死对头。

看哪！那线虫，也是一种阴险而凶恶的虫族，其中以吸血的钩虫为尤凶。它借土壤的潜伏所，不时向人类进攻。中国的农民受它的残害者，真不知有多少。它真是田间的大患。这本与我无干，我在这里提一声，免得你们又来错怪我土壤里的孩子们。

看哪！那昆虫，如蚯蚓、蚂蚁之徒[1]，是土壤联邦显要的居民。它们的块头颇大，面目狰狞，有些可怕，钻来钻去，骚扰地方，又有些讨厌。不过，它们所走过的区域，土壤为之松软，倒使我的工作顺利。我又有时吃腻了大动物的血肉，常拿它们的尸体来换换口味，也可以解解土中生活的闷气。

这些土壤里的小动物的举动，在我们土壤革命者的眼中，要算是落后的，而且有些反动的嫌疑。

土壤里小植物之邦的公民，就比较先进了。

虽然那苔藓之群，它们的群众密布在土壤的上层，它们有娇滴滴的胞体、绿油油的色素，能直接吸收太阳的光力，制造自己的食粮。然而它们对于土壤的革命，有什么贡献呢？恐怕也只是

〔1〕此处有误。蚯蚓不是昆虫。

一种太平的点缀品，是土壤肥沃的表征吧。它们可以说是土壤国的少爷小姐，过着闲适的生活。

土壤里真正的劳动者，算起来都是我的同宗。酵儿和霉儿就是那里面很活跃的两群。

酵儿在普通的土壤里还不多见，但在酸性的土壤里，在果园里，在葡萄园里，我常遇着它们。没有它们的工作，已经抛弃在地上的果皮花叶，一切果树的残余，怎么会化除完尽呢？

霉儿过着极简单的生活，在各式各样的土壤里我都能遇到它。它这一房所出的角色真不算少：最常见的，有头状菌，有根足菌，有麹菌[1]，有笔头菌，有念珠状菌，这些怪名都是描写它们的形态。它们在土中，能分解蛋白质为氨，能拆散极坚固的纤维素。酸性的土壤，是我所不乐居的，它们居然也能在那儿蔓延，真是做到我所不能做的革命工作了。

和我的生活更接近的，要算是放线菌那族了。它们那柳丝似的胞体，一条条分枝，一枝枝散开。它们的祖先什么时候和我菌儿分家，变成现在的样子，如今已渺渺茫茫无从查考了。但在土壤里，它仍同我在一起过活，然而它的生存条件，似乎比我严格点，土壤深到了三十英寸，它就渐渐无生望，终至于绝迹了。它在土壤最大的任务，是专分解纤维素的，它似乎又有推动氧化其他有机物之功哩。

最后，我该谈到我自己了，我在土壤联邦里，虽个子最小、年纪最轻，但我的种类最繁，菌众最多，革命的力量也最伟大。

---

〔1〕 麹（qū）菌：又名米曲霉菌，在中国与日本料理中经常被用来发酵大豆来制作酱油、味噌与甜面酱。

我的菌众，差不多每一房每一系，都是在土壤里起家。所以在那儿，还有不少球儿、杆儿、螺儿的后代，也有不少硝菌、硫菌、铁菌的遗族，真是济济一堂。

我的菌众估计起来，每一克重的土块，竟有三百万至两亿之多。虽然这也要看入土的深浅，离开地面两英寸至九英寸之深，我的菌数最多。以后入土越深，我也就越稀少了。深过了四英尺，我也要绝迹。然而，在质地松软的土壤里，我可以长驱直入达到十英尺以内，还有我的部队在垦殖哩。

有这么多的菌群，在那么大、那么深的土壤盘踞着、繁殖着，无怪乎我声势的浩大、群力的雄厚，我的微生物同辈都赶不上了。

我们这一大群一大群土壤联邦的公民，大多数都是革命的工作者。

土壤革命的工作，需要彻底的破坏，也需要基本的建设，因而我们这些公民，又可分为两大派别。

第一派是营养自给派，是建设者之群。它们靠着自身的本事，有的能将无机的元素，如硫、氢之类，有的能将无机的化合物，如氨、二氧化氮、硫化氢之类，有的能将简单的碳化物，如一氧化碳、甲烷之类，都氧化起来，变成植物大众的食粮；又有的能直接吸收空气中的二氧化碳，以补充自己。

在建设工作进行中，这派所用的技术又分两种。有的用化学综合的技术，如硝菌、硫菌、氢菌、甲烷菌、铁菌等，我的这些出色的孩子，就是这样的一群技术能手。看它们的名称就可知道它们的行动了。

有的用光学综合的技术，那满身都是叶绿素的苔藓，就是这一类的技术能手。

然而，没有破坏者之群做它们的先驱，预备好土中的原料，它们也有绝食之忧啊。

第二派是营养他给派，那就是土壤的破坏者之群了。它们没有直接利用无机物的本领，只好将别人家现成的有机物，慢慢地侵蚀，慢慢地分解，变成了简单的食粮，一部分饱了自己的细胞，其余的都送还土壤了。

然而有时它们的破坏工作是有些过激了，连那活生生的细胞也要加害，这事情就弄糟了。生物界的纠纷都由此而兴，而互相残杀的惨变层出不穷了。我所痛恨的原虫就是这样残酷的一群。

至于我菌儿，虽也是这一派的中坚分子，但我和我的同志们（指酵儿、霉儿及放线菌等）所干的破坏工作，是有意识的破坏，是化解死物的破坏，是纯粹为了土壤的革命而破坏。

土壤的革命日夜不停地在酝酿着，我们的工作也一刻没有休息过。然而这浩大无比的工程，是需要全体土壤公民的分工合作。破坏了而又建设，建设了而又破坏，究竟是谁先谁后，如今是千头万绪，分也分不清了。

总之，没有营养他给派的破坏，营养自给派也无从建设；没有营养自给派的建设，营养他给派也无所破坏。这两派里，都有我的菌众参加，我在生物界地位的重要是绝对不可抹杀的。而今近视眼的科学先生和盲目的人类大众，若只因一时的气愤，为了我的那些少数不良分子的蛮动，而诅咒我的灭亡，那真是冤屈了我在土壤里的苦心经营。

十五、经济关系

我正伏在土壤里面，日夜不停地做工，忽然望见一片乌云，遮蔽了中国古城的天空。顷刻间，狂风暴雨大作，冲来了一阵火药的气味，几乎使我的细胞窒息。我鼓起鞭毛东张西望，但见平津〔1〕一带炮火连天，尸血满地！

这又将加重我清除腐物烂尸的负担了。这人类的自相残杀，本与我无干，我何必多嘴。

然而不幸战事倘若延长下去，就有这样黑心眼的人要想利用细菌战〔2〕了。这几年来，细菌战的声浪，不是也随着大战的呼声而高扬吗？

奇异而又不足奇异的是细菌战。那是说，他们要请出我那一群蛮狠凶顽的野孩子——人们所痛恨的病菌，来助战了，使我菌儿也卷入战争的旋涡。这如何不引起我的特别注意呀！

本来，我的野孩子们平日都在和人作战。战争一发，更造成了它们攻人的机会。它们自然就会闻风赶到了。我想到这里，不

---

〔1〕 这里指北京、天津。

〔2〕 细菌战：利用细菌或病毒做武器，以毒害人、畜及农作物，造成人工瘟疫的一种极端灭绝人性的罪行。

禁打了一个寒噤，我的荚膜和鞭毛都战战栗栗抖动起来了。

将来战事一旦结束，人类触目伤心，能不怪我的无情吗？在平时，我本有传染病的罪名，在战时，我又加上帮凶的暴行呀！他们要更加痛恨我了。

呵呵！我的这些孩子，真是害群之马，由于它们的猖獗，使人类大众莫不谈“菌”色变，使许多人犹认为“细菌”二字是多么不祥而可怕的名词。这真是我菌儿的大耻啊。

老实说，我的大部分群众，不像资本家，靠着榨取而生存；不像帝国主义者，靠着侵略而生存；不像病菌，靠着传染病而生存。我的大部分群众都是善良的细菌，生物界最忠实的劳动者，靠着自身劳动所得而生存。

我在土壤革命的过程中，经常地担任了几部门最重要的工作。这在前章已经述过了。

在土壤里，我不但会分解腐物以充实土壤的内容，我还会直接和豆科之类的植物合作哩。

在豆根的尖头，我轻轻地爬上它弯弯的根须，我爬进了豆根的内质，飞快地繁殖起来，由内层复蔓延到外层，使豆根肿胀了，长出一粒一粒的瘤子。这就是“豆根瘤”的现象。

这样地，我和豆根的细胞，取得密切联络，实行同居了。隐藏在豆根瘤里面的我的群众，都是技术能手。它们都会吸收空气中的氮，把它变成硝酸盐，送给豆细胞，作为营养的礼物，而同时也接收了豆细胞送给它们的赠品——大量的糖类。

这真是生物界共存共荣的好榜样，一丝也没有侵略者的虚伪的气息。

种植豆科植物，可以增进土壤的肥沃，这在中国古代的农民，老早就知道了。可惜几千年以来，吃豆的人们，始终没有看见过我的活动呀。

直到1888年，有一位荷兰国的科学先生出来，仗义执言，由于他研究的结果，这才把我在土壤里的这个特殊功绩表扬了一下。

这是在农业经济上，我对于人类的贡献。

在工业方面，我和人类发生了更密切的经济关系。

人类的工业，最重要的莫过于衣食两项。在这衣食两项，我都尽了最大的努力，努力生产。

我原是自然界最伟大的生产力。

宇宙是我的地基，地球是我的厂房，酵素是我唯一神妙的机器。一切无机和有机的物体都是我的好原料。

我的菌众都在共同劳动，共同生产，所造成的东西，也都涓滴归公，成为生物界的共有物了。

不料，野心的人类，却想独占，将我的生产集中，据为私有。

在显微镜没有发明之前的时代，他们虽不知道我的存在，却早已发现了我的劳动果实。他们凭着暗中摸索所得的经验，也知道了在人工的环境里面，安排好了必需的原料，也就能产出我的劳动果实来了。

这在当初他们就认为是自然而然的事。到了化学昌明时代，又认为这是化学变化的事。谁也想不到这乃是微生物的事呀！

他们所采选的原料，也就是我的天然食料，我的菌众老早就预伏在那里面了，并且在人工的环境都适合了我生存的条件时，我也飘飘然地不请自来了。

我不声不响地在那儿工作着，造成了大量的产品。他们却以为是他们自己的创造与发明。

于是传之子孙，守为家传秘法。我的劳动果实，居然被这些无耻的商人，占为专利品了。

从酒说起吧，酒就是我的劳动果实之一。我的亲属们多数都是造酒的天才，尤其是酵儿和霉儿那两房。米麦之类的糖类，各式各样的糖和水果，一经它们的光顾，就都带点酒味了。不过，有的酒味之中，还带点酸，带点苦，或带点臭。这显然表示，在自然界中，有不少杂色的劳动分子，在参加酒的生产呀！这些造酒的小技师，各有不同的个性、不同的酵素，它们所受用的原料，又多不同，因而天下的酒，那气味的复杂，也就很可观了。

这是酒在自然界中的现象。

天晓得，传说中，是在大禹时代吧，就有了这么一位聪明的古人，叫作仪狄[1]，偶尔尝到了一种似乎是酒的酒味，觉着香甜可口，就想出法子，自己动手来造了，从此中国人就都有了酒喝。

西方国家，也有它们造酒的故事。

于是，什么葡萄酒呀、啤酒呀、白兰地呀，连同绍兴老酒、五加皮[2]等都算在一起，酒的花样真是越来越多了。

酒也是随着生产手段的变化而变化的吧！然而在这些生产手段中，我却不能缺席。

在自然界，酒是我的手工业，我的自由职业，我是造酒的生产力。

在人类的掌握中，酒是我的强迫职务，我成为造酒的奴隶、造酒的机器。

---

〔1〕 仪狄：夏禹时代的造酒官，相传是我国最早的酿酒人。

〔2〕 五加皮：指五加皮药酒。

奇异而又不足为奇的是，人类造酒的历史已经有几千年了。他们却从不知道有我在活动。

这黑幕终于被揭穿了，那又是胡子科学先生的功业。他在显微镜上早已侦察好我的行踪了。

有一回，他特制了几十瓶精美的糖汁果液，打开玻璃小塔之门，招请我入内欢宴，结果我所到过的地方，一瓶一瓶都有了酒味了。

于是他就点头微笑地说："乖乖，微生物这小子果然好本领，发酵的工程，都是由它一手包办成功的呀！"

这句话还没有冷，他就被法国的酒商请去，看看他们的酒桶里出了什么毛病，这么好好的酒，全变成酸溜溜的了。

胡子先生细细地视察了一番，就做了一篇书面的报告。大意是说："纯净的酒，应该请纯净的酿母菌来制造。酒桶的监督要严密，不可放乳酸杆菌或其他不相干的细菌混进去捣乱。

"乳酸杆菌是制造乳酸的专家，绝不是造酒的角色。你们的酒桶就是这样地给它弄得一塌糊涂了，这是你们这次造酒失败的根本原因……用非其才。"

他所说的酿母菌，指的就是我那酵儿。

我那酵儿，小山芋似的身子，直径不到 5 微米（微米是千分之一毫米），体重只有 0.000 009 817 5 毫克。然而算起来，它还是吾族里的大胖子。

然而胡子先生只知其一，不知其二。那大胖子并不是发酵唯一的能手，吾族中还有长瘦子，也会造出顶甜美的酒。这长瘦子便是指我的霉儿。

它身着有色的胞衣，平时都爱在潮湿的空气中游荡，到处偷吃食品、捣毁物件，是破坏者的身份，又怎么知道它也会生产，也会和人类发生经济关系呢？

这就要去问台湾人了。

原来霉儿那一房所出的子孙很多很复杂。有一个孩子，叫作黑菌，不知怎的竟被台湾人拉去参加制酒的劳动了。现今的台湾酒，大半都是由它所造的。

这一房里，还有一个孩子，叫作黄绿色麹菌，也曾被中国、日本和南洋群岛等处的酒商，聘去做发酵的工程师。不过它所担任的，是初步的工作，是从淀粉变成糖的工作。由糖再变成酒的工作，他们又另请酵儿去担任了。

我的菌众当中，有发酵本领的，当然不止这几个，有许多还等着科学先生去访问呢。这里恕我不一一介绍了。

酒固然是发酵工业中的主要产品，但甘油在这战争的时代，也要大出风头了。

甘油，它原是制造炸药的原料。请酵儿去吃碱性的糖汁，尤其是在那汁里掺进了40%的亚硫酸钠，它痛饮一番之后，就会造成大量的甘油和酒来了。

不过，还有面包。西洋的面包等于中国的馒头、包子，都是大众的粮食。它们也须经过一番发酵的手续。它们不也是我的劳动果实吗？

可怜我那有功无罪的酵儿们，在面包制成的当儿就被人们用不断升温的热力所蒸杀了。这面包店的主人，是一方面提防酵儿吃得过火，一方面又担心野菌的侵入，所以索性先下手为强，以保护面包领土的完整。

有时面包热得并不透心，这时候我的野孩子里面有个叫作马铃薯杆菌的，它的芽孢早已从空气中移驻到面包的心窝了，就乘机暴动起来，于是面包就变成胶胶黏黏的、有酸味、不中吃的东西了。

在人类的食桌上除了面包和酒以外，还有牛奶、豆腐、酱油、腌菜之类的食品，也都须靠着我的劳动才能制造成功。

牛奶，不是牛的奶吗？怎么也靠着我来制造呢？

这里我指的是一种特别的牛奶——酸牛奶。这东西中国人很少吃，而欧美人士却当它是比普通牛奶还好的滋补品，是有益于肠胃消化的卫生食品。

酸牛奶的酸是有意识的酸，是含有抗敌作用的酸。酸牛奶一落到人们的肚子里，我的野孩子们就不敢在那儿逞凶了。

奇异而又不足为奇的是，制造酸牛奶的劳动者，就是造酒商人所痛恨的乳酸杆菌呀！

呵呵！我的乳酸杆菌，在牛奶瓶中，却大受人们欢迎了。

不但在牛奶瓶中有如此盛况，在制造奶油和奶酪的工厂中，它也到处受到厂方的特别优待。这都因为它是专家，它有精良的技术，奶油、奶酪、酸牛奶等，都是它对人类优美的贡献。

酸牛奶在保加利亚、土耳其及其他国家，是很盛行的。因为它有功于肠胃，所以那儿的居民，常恭维它是“长寿的杆菌”。这真是我这孩子的一件美事。

据说，美国的腌菜所用的乳酸，也是这乳酸杆的出品。不过，他们在乳酸之外，有时又掺进了一些醋酸、酪酸，及其他有香味的酸。

这些淡淡浓浓的酸，我也都会制造。法国有一位著名的女化学家，就曾请我到她实验室里表演造酸的技术。结果，我那个黑色的麹儿表演的成绩最佳，它造成了大量的草酸和柠檬酸。现在市场上所售的柠檬酸，一大部分都是它的出品。

豆腐、酱油之类的豆制食物，却是我的黄绿色麹儿的出品了。这是因为它有化解豆蛋白质的能力。

中国制造酱油的历史，算是最久远的了。可惜中国人死守古法，不知改进，又因为对于我的真相的不认识，酱油里往往有野菌暗渡，弄得黄绿色麹菌不能安心工作，不知浪费了多少原料呀！

你看，那倭国的商人就乖巧些，他们就肯埋头研究，积极在我菌众中物色最干练的酱油司务。在爪哇，豆制食品也很兴盛，他们专请了另一位小技师，那是我的棕色麹儿。我又有几个孩子，被美国人请去帮他们忙制造甜美的冻膏了。

总之，在吃的方面，我和人类的经济关系，将来的发展是不可限量的。

不过在许多地方，人类却总提心吊胆的，谨防我去侵犯他们的食品。这是因为我那些野孩子的暴行所给他们的恶劣印象，也太深刻了。

那新兴的罐头食品工业，便是人类食品自卫的一个大壁垒。他们用高压强热的手段，来消灭我在罐头境内的潜势力；又密不通风地封锁起来，使我无缝可入。这真是罕见的门罗主义[1]，食物的独占政策，我在这儿也不便多说了。

---

〔1〕 门罗主义：发表于1823年，表明美国当时的观点，即欧洲列强不应再殖民美洲，或涉足美国与墨西哥等美洲国家之主权相关事务。而对于欧洲各国之间的争端，或各国与其美洲殖民地之间的战事，美国保持中立。相关战事若发生于美洲，美国将视为敌意之行为。这里将文中的人类比作美国。

穿的方面呢？人类也尽量地利用了我的劳力。浸麻和制革就是两个显著的例子。

在这儿，我的另一班有专门技术的孩子，就被工厂里的人请去担任要职了。

浸麻，人类在古埃及时代，就发明了浸麻的法子，也老早就雇用了我做包工。可是，像造酒一样，他们当初并没有看出我的形迹来。

浸麻的原料是亚麻。亚麻是顶结实的一种植物组织，是衣服的上等材料。它的外层，有顽固而有黏胶性的纤维包围着。

浸麻的手续就是要除去这纤维。这纤维的消除又非我不行。我的孩子们有化解纤维素的才能的也不多见。这可见化解纤维素的本事，真是难能可贵了。

这秘密，直到 20 世纪初期，才有人发觉。从此浸麻的工业者，就大体注意到我这有特殊技能的孩子的活动了。于是就力图改善它的待遇，在浸麻的过程中，严禁野菌和它争食，也不让它自己吃得过火，才不至于连亚麻组织本身也吃坏了。

在制革的工厂里，我的工作尤为紧张。在剥光兽毛的石灰水里，在充满腥气的暗室中，在五光十色的鞣酸[1]里，到处都需要我的孩子们的合作。兽皮之所以能化刚为柔而不至于臭腐，我实有大功。

不过，在这儿，也和浸麻一样，不能让我吃得过火，万一连兽皮的蛋白质都嚼烂了，那就前功尽弃了。

土壤革命补助了农村经济，衣食生产有功于人类的工业。这

---

〔1〕 鞣（róu）酸：能使蛋白质凝固，用于制革。

样看来，我不但是生物界的柱石，还是人类的靠山！干脆点说：人类靠着我而生存。

这我并不是大言不惭。

你瞧！那滚滚而来臭气冲天的粪污，都变成田间丰美的肥料了。这还不是我的力量吗？没有我的劳动，粪便的处置，人类简直束手无策。

由此可见，我和人类，并非绝对的对立，并无永久的仇怨！

那对立，那仇怨，也只是我那些少数的淘气的野孩子的妄举蛮动。

观乎我和人类层层叠叠的经济关系，也可以了解我们这一小一大的生物间仍有合作的可能啊！

然而人类往往以特殊自居，不肯平等相待。自从实验室里燃起无情之火，我做了玻璃之塔中的俘虏，我的行动被监视，我的生产被占有，从此我的统治权属于那胡子科学先生的党徒了。我这自然界中最自由的自由职业者，如今也不自由了，还有什么话可说！